LIBELLULES

JOËL EGLOFF

LIBELLULES

BUCHET • CHASTEL

ISBN : 978-2-283-02333-4

« Quand je serai grand, je ressemblerai à mon fils. »

L. E.

No comprendo

« Est-ce que t'en es sûr qu'on va revivre ?

– Pourquoi tu me demandes ça ? j'ai fait, en prenant un air ahuri, juste pour gagner un peu de temps, comme si cela m'avait surpris qu'il puisse me poser ce genre de question. Ce n'était pas la première fois, pourtant.

– Non, mais est-ce que t'en es sûr qu'on va revivre ? » a-t-il insisté, de peur que je ne cherche à éviter de lui répondre.

Avant de me lancer, il fallait que je pèse mes mots, que je prenne de grandes précautions. Je n'envisageais pas de lui mentir en lui disant qu'à ce sujet je ne me faisais aucun souci, qu'il pouvait dormir sur ses deux oreilles, que si j'étais sûr d'une chose, c'était bien de cela. Je n'avais aucune intention non plus de lui annoncer, l'air désinvolte, qu'on allait finir en se laissant pousser les ongles et les cheveux, peinards, dans la glaise. Pas plus que je ne voulais lui asséner que cela dépendait de la manière dont on menait sa vie, que si l'on préférait, pour l'éternité, les vues dégagées et la compagnie des petits oiseaux à celle des lombrics, il valait mieux être à la hauteur ici-bas et toujours bien se tenir à carreau.

Ce que je lui ai répondu, au bout du compte, c'est que je n'en étais pas sûr, évidemment, que personne ne pouvait en être sûr, en fait, que ce n'était pas une question d'en être sûr, d'ailleurs, pas une question de savoir, mais de croire ou de ne pas croire. Que certaines personnes croyaient ceci et que d'autres personnes croyaient cela. Voilà.

« Tu vois ? j'ai dit, en tentant une sortie.

– Et nous ? Qu'est-ce qu'on croit, nous ? il m'a fait, alors que je pensais m'en être tiré à bon compte.

– Nous ? j'ai dit. Eh ben, c'est compliqué... Nous, on croit que... on sait pas... c'est-à-dire... on croit... comment t'expliquer ?... On pense qu'on va revivre, sûrement... je veux dire, vivre ailleurs... enfin...

différemment, plutôt. On croit… on croit qu'il y a des choses qui ne meurent pas. Que même si le corps meurt, l'esprit, lui, sans doute, enfin, peut-être, continue de vivre quelque part… au ciel, par exemple… enfin, pas vraiment au ciel, c'est une image… pas dans les nuages, mais… »

À son regard, j'ai bien senti qu'il commençait à se lasser de mes explications. Je faisais sûrement peine à voir. Même la fois où il m'avait demandé si les mouches avaient des oreilles, je m'étais senti plus pertinent.

« De toute façon, j'ai fini par conclure, pour me sortir de là, tant bien que mal, on continue de vivre aussi dans le souvenir et le cœur de ceux qu'on a aimés, tu vois ? »

Mais sans doute ne voyait-il pas, non, pas plus que moi, puisqu'il venait de me tourner le dos et s'était replongé dans son jeu comme s'il ne l'avait jamais interrompu.

Même s'il ne m'écoutait plus, maintenant, trop occupé à faire voler, au-dessus de lui, l'avion qu'il tenait entre ses doigts, j'ai voulu lui dire encore qu'il ne fallait pas qu'il s'inquiète, en tout cas, et qu'il pense à ces choses, à son âge, que ce n'était qu'un enfant, et que sa vie serait longue, qu'il devait se soucier du présent, uniquement, mais que s'il lui arrivait d'y penser malgré tout, il fallait qu'il m'en parle, bien sûr, qu'il n'hésite pas à me poser des questions.

Et puis j'ai préféré me taire, parce qu'à cause du bruit de l'avion qu'il imitait de plus en plus fort, je n'entendais plus le son de ma propre voix.

Rien à secouer

Huit ans, déjà... je me disais, l'autre jour. Huit ans que je la vois à sa fenêtre, de l'autre côté de la cour, secouer son linge, tous les jours de la semaine, souvent plusieurs fois par jour, et parfois même à la nuit tombée. Elle secoue des draps, des oreillers, des pantalons, des pyjamas, des chaussettes, des robes et des jupes, des serviettes, des pulls et des chemises, et tout ce qu'il est possible de secouer.

Elle secoue chaque chose avec vigueur, mais sans empressement, quatre fois, le plus souvent, ou cinq, puis elle se retourne, plie le vêtement dans l'ombre, se saisit du suivant, et se repenche à sa fenêtre, pour le secouer avec vigueur, mais sans empressement, quatre fois, le plus souvent, ou cinq, c'est selon.

Ses enfants aussi secouent. Ils sont trois, me semble-t-il, deux garçons et une fille, adolescente maintenant. Ils ont bien changé. Je les ai vus grandir à leur fenêtre et secouer depuis tout petit. Ils secouent encore un peu plus mollement que leur mère, on voit qu'ils n'ont pas toujours l'air convaincus par ce qu'ils font, un long soupir parfois les trahit, ils se posent encore des questions. Mais c'est à force de secouer que l'on finit par comprendre pourquoi on secoue. Et bientôt, c'est sûr, ils secoueront leurs vêtements d'eux-mêmes sans qu'on ait besoin de leur dire quoi que ce soit. Et plus tard, eux aussi, ils apprendront à leurs enfants à bien secouer, et leurs enfants, c'est probable, feront de même avec les leurs. Ainsi va la vie.

Leur mère n'est jamais bien loin quand ils secouent. Même si je ne la vois pas, je sens sa présence dans leur dos, lorsqu'ils se retournent pour écouter ses remarques ou ses recommandations. Et parfois, même, elle apparaît à la fenêtre de la chambre voisine, pour secouer avec eux et s'assurer de plus près qu'ils secouent bien comme il faut.

Le mari, lui, ne se montre que rarement. Il m'est arrivé de le voir agiter quelques vêtements, un dimanche ou certains jours fériés, c'est tout. Mais cela ne signifie pas pour autant qu'il se moque du linge à secouer. Au contraire, je suis persuadé qu'il regrette de ne pas pouvoir y accorder plus de temps, et qu'une fois rentré, le soir, d'une journée sans doute épuisante, au cours du dîner, il s'en préoccupe sincèrement.

« Ça a été aujourd'hui ? »

Sa femme lui sourit.

« Bien secoué ? »

Elle acquiesce d'un hochement de tête, les yeux mi-clos. Il s'adresse alors aux enfants :

« Vous avez secoué un peu, après l'école ? »

Les deux plus jeunes baissent le regard.

« Qu'est-ce que vous avez secoué ?

– Tout… on a tout secoué, répond sa fille aînée, d'une voix un peu lasse. Et re-secoué ce qu'on n'avait pas bien secoué hier, aussi. »

Il esquisse une mimique satisfaite.

Pendant un moment, on entend plus que le tintement des couverts dans les assiettes. Puis il s'essuie la bouche et s'éclaircit la voix. Les regards se tournent vers lui.

« Je me suis dit que… que ça faisait longtemps que je n'avais pas secoué avec vous et que ce week-end, peut-être, on pourrait tous secouer ensemble, comme avant. Qu'est-ce que vous en pensez ? »

Sa femme ne dit rien mais lui fait un large sourire. Pas les enfants.

Quand tout est calme, la nuit, et qu'elle ne secoue plus, lorsque sans doute, déjà, depuis longtemps, elle dort, et que mes yeux parfois se promènent sur les immeubles d'en face, je tombe sur ses volets clos, et me demande alors à quoi elle peut rêver. De quoi peut être fait un beau rêve de linge bien secoué ? Et ses cauchemars sont-ils agités par de soudaines bourrasques qui emportent son linge, au loin, ou ses enfants, même, par-dessus les toits et les cheminées, accrochés aux vêtements qu'ils secouaient, gonflés comme des voiles ?

Mais tandis qu'au fil des jours et des saisons, j'observe cette femme qui secoue son linge à sa fenêtre, que je tente de la décrire, maintenant, et que je m'interroge sur les raisons qui peuvent bien la pousser à secouer son linge, sans cesse, c'est de moi dont je me mets peu à peu à douter. Est-ce tout à fait normal de ne jamais rien avoir à secouer à sa fenêtre, à part une pauvre nappe, de temps en temps, dont je veux faire tomber quelques miettes ? Qu'y a-t-il à dire, au juste, au sujet d'une femme qui secoue honnêtement son linge à sa fenêtre ? Qu'y a-t-il de surprenant à ce que des enfants bien élevés aident leur mère à secouer son linge ? À ce qu'un mari aimant se soucie de ce qui occupe et préoccupe sa femme ?

Plus je m'intéresse à elle, plus je me dis que le temps qu'elle passe réellement à secouer son linge au cours d'une journée n'est finalement pas excessif, en dépit des apparences. Et s'il m'est arrivé, c'est vrai, de la voir secouer son linge à la nuit tombée, en plein hiver, je n'en ai été témoin que deux ou trois fois, tout au plus. Ce n'était pas, non plus, tout à fait au beau milieu de la nuit. Et c'était il y a longtemps, déjà, soyons précis.

On dirait d'ailleurs, comme un fait exprès, que depuis que je m'intéresse à elle, certains jours, ses fenêtres restent closes. Et lorsque enfin elles s'ouvrent et qu'elle y paraît, elle y passe juste le temps qu'il faut pour secouer deux ou trois vêtements. Mais rien d'étonnant à cela. C'est sûrement parce qu'elle a mieux à faire, et que si elle secoue son linge, ce n'est pas de gaieté de cœur, ni parce qu'elle ne se sent bien qu'en secouant son linge, ni parce qu'une voix lui ordonne de secouer son linge, mais simplement parce que cela doit être fait et que si elle ne secoue pas son linge, personne ne le secouera à sa place.

Je me mets à penser qu'il serait bien malhonnête de laisser entendre que cette femme a de curieuses habitudes, alors que c'est moi, qui ne secoue jamais rien, dont le comportement pourrait paraître douteux. Et c'est de moi dont on devrait sourire, à cause des vêtements poussiéreux et froissés que je porte sans complexe.

Lorsqu'elle secoue, parfois elle s'interrompt pour suivre des yeux le vol d'un oiseau. Et son regard se perd dans les nuages. Elle reste pensive et immobile un long moment, puis elle revient soudain à elle, et se remet à secouer.

Quand, discrètement, je l'observe, il arrive que nos regards se croisent. Alors je détourne les yeux ou, au contraire, je feins un regard vague et pensif, tombé sur elle par hasard.

Je dois finir par lui sembler bizarre. Inquiétant, peut-être. Et lorsqu'elle me surprend à la regarder secouer son linge, tout en secouant je ne doute pas qu'elle se dise : Huit ans, déjà... Huit ans que je le vois à sa fenêtre, immobile, me regarder secouer mes vêtements.

Les jours raccourcissent

« On a le beau temps, finalement, elle m'a dit, au bout de quelques minutes de silence.

– Oui… après la pluie d'hier, j'ai répondu, en lui souriant dans le miroir.

– Oh, il a pas tellement plu.

– Le soir, quand même, j'ai fait, on a eu quelques averses.

– C'est vrai qu'il fait nuit plus tôt, elle m'a fait remarquer. Hier, à huit heures, quand je suis sortie, il faisait déjà nuit. »

Je n'ai pas vraiment compris quel rapport elle voyait entre la nuit et la pluie. J'ai tout de même enchaîné.

« Eh oui, les jours raccourcissent, j'ai dit, avec le ton nostalgique de celui qui regrette le bon vieux temps où les jours étaient plus longs.

– Ça va, comme ça, devant ? » elle m'a demandé.

J'ai pris deux petites secondes avant de me prononcer.

« Ça a l'air bien », j'ai dit, même si je n'avais pas une opinion très affirmée sur la question.

Le téléphone a sonné.

« Excusez-moi, elle m'a fait.

– Je vous en prie. »

Lorsqu'elle est revenue s'occuper de moi, nous ne nous sommes pas parlé pendant un petit moment. Je dois reconnaître que je ne cherchais peut-être pas non plus quoi dire avec acharnement.

C'est elle qui a fini par reprendre les choses en main.

« Vous êtes parti en vacances ?

– Oui, au mois d'août, j'ai répondu. Tout le mois d'août. »

Et puis j'ai aussitôt ajouté quelques précisions, afin qu'elle ne doute pas de ma bonne volonté à alimenter notre conversation.

« À la montagne, j'ai dit, et puis en Italie, aussi. »

Elle s'est contentée d'acquiescer d'un petit signe de tête.

« Et vous ? j'ai demandé, parce que c'était bien la moindre des politesses.

– À Saint-Jean-de-Luz, elle m'a fait, juste le week-end du 15 août. »

J'ai un peu regretté, du coup, de lui avoir dit que j'étais parti tout un mois. J'en ai même éprouvé un curieux sentiment de culpabilité.

« Vous êtes de là-bas ? lui ai-je demandé encore, parce que cela me semblait approprié.

– Non... mais j'y vais depuis toujours, m'a-t-elle répondu. On raccourcit les pattes ?

– Oui, j'ai dit.

– Beaucoup ? »

J'ai haussé les épaules, indécis.

« De la moitié », me suis-je risqué, mais sans être convaincu du tout que c'était de la moitié qu'il fallait les raccourcir.

Cela m'avait simplement semblé le meilleur compromis entre le fait de ne pas les raccourcir du tout et le risque de trop les raccourcir, même si ce que j'aurais préféré, de loin, c'était de ne pas avoir le choix, et qu'elle me dise avec certitude et d'un œil aiguisé : je vais vous les raccourcir aux deux tiers, c'est ce qu'il faut, ou aux trois quarts, ou peu importe, du moment que je n'ai pas à m'en soucier, aucune décision à prendre, aucune responsabilité à endosser, d'autant qu'au bout du compte, lorsqu'elle les a eu raccourcies de la moitié, j'ai remarqué que celle de droite était nettement plus haute que celle de gauche. Mais je n'ai rien dit. Je m'en occuperai moi-même, j'ai pensé.

« Vous travaillez pas, aujourd'hui ? » elle m'a demandé, visiblement intriguée par ma venue en pleine semaine, au beau milieu de l'après-midi, ce qui, ajouté au mois complet de vacances que je venais de lui avouer, me rendait sans doute un peu suspect à ses yeux.

« Si, mais je travaille chez moi », j'ai répondu, presque honteux. Alors je fais un peu comme je veux, tout en sachant bien qu'elle ne s'en contenterait pas et que ma réponse ne ferait qu'attiser sa curiosité.

« C'est bien, ça, elle m'a dit, d'un ton qui laissait plutôt entendre : "Y en a qui ont de la chance." Et vous faites quoi ? »

Nous y voilà, j'ai pensé. Et puis après avoir hésité une seconde, je me suis lancé.

« Je… j'écris, j'ai balbutié. Enfin, je suis auteur… écrivain, en fait, j'ai précisé, dans un irrépressible accès d'orgueil, bien que ce fût une appellation que je ne m'autorisais pourtant que dans la plus stricte intimité, et si peu souvent, encore.

– Ah bon, elle m'a fait. Et vous écrivez quoi ?

– Des… des romans », j'ai répondu, tout en me préparant déjà à la question qui allait suivre – je le savais par expérience – et qui allait être : « Des romans policiers ? » ou bien encore « Quel genre de romans ? » J'en aurais mis ma main à couper. Et il faudrait alors que je m'étende longuement sur la question. Et depuis quand ? Et comment ça vous vient ? Et en combien de temps ? Et avec ou sans les mains ? Et que sais-je encore ?

« Je mets un peu de gel ? elle m'a fait.

– Pardon ?... j'ai dit, parce que j'étais encore dans mes pensées et que je n'ai pas saisi tout de suite le sens de sa question, et que ce n'était pas tout à fait la réplique à laquelle je m'attendais, il faut bien le dire.

– Je mets un peu de gel ? m'a-t-elle répété.

– Euh...merci, non, ça va aller », j'ai fait.

Alors elle m'a passé un coup de brosse autour du cou et sur les épaules avant de me mettre un miroir entre les mains. Elle a retourné mon fauteuil et, par un savant jeu de reflets, m'a fait voir ma nuque.

« Ça va, comme ça ?

– C'est parfait, j'ai dit. C'est très bien. »

Carabine à patate

Que tous ceux et celles sur qui j'ai tiré me pardonnent. Je n'étais pas moi-même à cette époque. Pas tout à fait fini, encore. Non pas que je considère l'être vraiment aujourd'hui, mais je suis peut-être tout de même en voie d'achèvement, pourrait-on dire, même si cette dernière phase risque sans doute d'être la plus longue et que rien ne garantit que je puisse y parvenir avant terme.

Toujours est-il que les pulsions auxquelles j'ai pu me laisser aller dans mon jeune âge ne me possèdent plus aujourd'hui. Ce ne sont plus les mêmes, en tout cas. Ou si ce sont les mêmes, elles s'expriment différemment, et c'est heureux. En cela, j'estime avoir progressé un peu et atteint une certaine paix intérieure, toute relative, certes, mais qui m'évite au moins de me laisser aller à faire usage d'une arme à l'encontre de mon prochain.

C'était une carabine qu'on m'avait offerte pour mon anniversaire. Que j'avais pu obtenir de ma mère, pour être exact. Mis devant le fait accompli, mon père n'avait pu que manifester sa désapprobation, à cause de cette aversion profonde pour les armes à feu qui lui venait de s'être fait tirer dessus pendant la guerre, ce dont il gardait un souvenir désagréable, c'est assez compréhensible. Cela dit, ma carabine n'avait pourtant rien des orgues de Staline, car si j'ai parlé d'arme à feu, c'est un abus de langage, et jamais mon fusil n'a fait parler la poudre, ni l'acier ni même le plomb, ce dont il aurait été bien incapable, de par sa conception même, car ce n'était qu'une modeste carabine à air comprimé, dont les projectiles n'étaient en fait que de petits cylindres de pomme de terre d'environ un centimètre et demi de long sur cinq millimètres de diamètre. Rien n'interdisait, soit dit en passant, d'utiliser d'autres légumes ou fruits, dont la chair était suffisamment tendre – mais pas trop – pour en prélever un projectile, si bien que cette carabine à patate pouvait en cas de pénurie de pomme de terre, ou pour le plaisir de l'expérimentation, se transformer occasionnellement en carabine à potiron, à courgette, à pomme ou à poire. La pomme de terre offrait cependant la consistance idéale, et le meilleur rapport qualité/prix en matière de munitions, bien qu'il y eût, là aussi, différentes qualités de pommes de terre – inutile de s'étendre sur la question.

Le chargement s'effectuait par le bout du canon d'où l'on retirait un tube en acier que l'on plantait dans une pomme de terre, jusqu'à une butée, afin d'en extraire un projectile. On remettait ensuite le tube en place, imitant ainsi, très vaguement, le geste du trappeur chargeant son fusil à poudre noire. Aucun grizzly n'ayant jamais eu à se plaindre d'avoir croisé mon chemin, la comparaison s'arrête là.

Ne restait plus alors pour armer la carabine qu'à abaisser le canon jusqu'au déclic. Puis l'on refermait l'arme qui était enfin prête à faire feu – façon de parler.

Le tir, en lui-même, produisait un son mat qui, loin d'être ridicule, au contraire, évoquait un peu celui d'une arme équipée d'un silencieux. On peut dire que cette carabine pétait en quelque sorte plus haut que son cul, ce qui n'était pas pour me déplaire, car la détonation produisait incontestablement son effet et laissait entendre sans ambiguïté que ce n'était pas tout à fait un jeu, que quelque chose avait bel et bien quitté le canon et s'apprêtait à foudroyer la cible.

Ce très court suspens, qui séparait la détonation de l'impact et que, de mémoire, j'estime à plus ou moins une seconde, selon la distance, faisait redoubler de frayeur celui qui venait d'être mis en joue, qui attendait avec d'autant plus d'appréhension de savoir si le projectile allait l'atteindre ou l'épargner, auquel cas, étant donné le temps que nécessitait le rechargement de ma carabine, en prenant ses jambes à son cou, le veinard pouvait se considérer comme sauvé.

Si la trajectoire du cylindre de pomme de terre semblait à peu près rectiligne après la sortie du canon, elle devenait, au bout de quelques mètres, beaucoup plus originale, selon, je le présume, les irrégularités du cylindre, la densité de la pomme de terre, la combinaison des vents contraires et des vents favorables, et les insectes de passage. Un défi permanent aux lois de la balistique.

C'est dans cette imprécision, peut-être, que résidait le seul danger que pouvait représenter mon arme, car même animé des meilleures intentions, en prenant bien soin de ne viser que sous la ceinture, un excellent tireur courait malgré tout le risque de crever un œil à quelqu'un – risque auquel j'ai toujours échappé de par le fait que mes cibles privilégiées qu'étaient mes copains d'alors, lorsque je les mettais en joue, me tournaient le dos et fuyaient en poussant de grands cris. C'est ainsi que j'éprouvais leur amitié, sans doute, toujours touché de les voir revenir vers moi, le lendemain, pas rancuniers pour un sou.

J'ai fait feu sur les filles, aussi – on est assez maladroit avec les filles à cet âge-là –, les mêmes qu'il m'arrivait déjà, avant d'être armé, de poursuivre à travers les vergers, une branche d'orties à la main, pour bien m'assurer de n'éprouver aucun sentiment à leur égard.

De tout cela, bien entendu, je ne tire aucune fierté. Et tandis que j'en parle, c'est plutôt la honte qui m'étreint. Si j'y repense, aujourd'hui, c'est simplement que, comme quantité d'autres choses que j'ai pu posséder, je me demande bien où a pu passer ma carabine à patate.

Un grand endroit pour dérouler

Des îles Hébrides, avant, je ne savais rien. S'il avait fallu les situer sur une carte, j'aurais été bien embarrassé. En vain, j'aurais bêtement promené mon doigt du côté des Galápagos, de Saint-Pierre-et-Miquelon, ou des Kerguelen. Par hasard, en plein Pacifique, peut-être serais-je tombé sur les Nouvelles-Hébrides, et j'aurais crié victoire un peu vite, sans me douter que je commettais une erreur grossière, et que plus de quinze mille kilomètres séparaient les Hébrides des Nouvelles-Hébrides – le jour et la nuit. J'ignorais dans quel hémisphère, dans quelle mer ou quel océan elles baignaient, la couleur de peau et la langue des peuples autochtones, si toutefois ces îles étaient peuplées.

J'imaginais un petit archipel, refuge pour oiseaux marins et ornithologues cocus, où soufflait à longueur d'années un vent à décorner les bœufs. J'imaginais des îles grouillant de tortues, d'immenses plages de sable noir où se traînaient quelques éléphants de mer en rut. Des terres volcaniques parcourues de lézardes et de varans aux couleurs de lave. J'imaginais tout et n'importe quoi. Et sans rien en connaître, la destination m'attirait. Ce pourrait être, sans nul doute, un voyage inoubliable, pensais-je. De ceux d'où l'on revient différent.

Alors j'ai pris la peine de me renseigner un peu, et je suis tombé sur ces quelques lignes, à l'intention des candidats touristes :

Le Hebrides

« près de la mer que nous oublions de compter les jours… »

Se tenant majestueux au bord du nord-ouest de l'Europe, cette mille-longue chaîne de l'île 150 des plages, de la culture, de la faune et de l'aventure est un asile pour des activités en plein air, et un grand endroit pour dérouler.

Nulle part autrement volonté vous trouvez une telle diversité des paysages et de l'espèce, des arts, des métiers et de la musique : les îles ont une abondance de beaux habitats... paisibles, d'unspoilt et de normal. L'eau doux et les bras de mer unsurpassable dans leur beauté et abondance fournissent une grande ressource pour des pêcheurs et la vie d'oiseau. La musique et les métiers traditionnels vivent dessus dans une culture animée et moderne, qui est civilisée dans le sens vrai du mot. En frayant un chemin le sport et les événements culturels attirez les personnes de partout dans le monde pour éprouver ce centre gaélique. Obtenez même plus près de la nature : un voyage de bateau pour repérer des baleines, des dauphins, des joints ou des puffins ou une promenade guidée pour se mélanger aux loutres, aux buzzards ou aux cerfs communs. Et pour ceux qui comme une adrénaline se précipitent, l'expert ou pas, essayent notre surfer, s'élever, le canotage de plongée ou de puissance. Venez à la maison avec un nouveau passe-temps !

Le Hebridean Gaels fournissent toujours une bienvenue amicale, incitant le visiteur pour partager le sens d'appartenir et de liberté – un des grands traits de l'héritage local. Le sens de l'entourage par l'air frais de Hebridean porte le visiteur à un monde de serenity.

Le Hebrides est une oasis de calme dans un monde chaotique.

« Un monde de serenity ... une oasis de calme... » Tu parles, j'ai pensé. Je voyais très bien le tableau. Un vaste terrain militaire, plutôt, un champ de tir. Une zone d'essais nucléaires contaminée à jamais. Un archipel sacrifié à d'étranges expérimentations secrètes. Une oasis de chaos dans un monde chaotique.

Seul au monde

« Tous mes copains sont morts ! » a fait le type, assis en terrasse, en répondant à la serveuse qui se tenait devant lui. C'est tout ce que j'ai perçu de leur conversation, tandis que je passais juste à côté d'eux sur le trottoir.

En disant cela, l'homme avait tendu le bras en se retournant un peu, sans que l'on puisse savoir si c'était l'endroit où ses copains avaient vécu qu'il désignait, ou celui où ils étaient morts. Morts tous ensemble, peut-être bien, dans une même bataille. Comme si c'était là-bas, au carrefour, qu'il les avait salués pour la dernière fois. Comme s'il la prenait à témoin et qu'en regardant dans cette direction, elle allait soudain les apercevoir, ces fantômes de copains morts, se tenant les uns à côté des autres sur le trottoir, à lui faire des signes de la main.

Et tandis qu'il prononçait ces mots et tendait son bras dans cette direction, il fallait voir son visage, aussi, à la fois désemparé et amer. En colère, même, semblait-il. Comme s'il n'en revenait toujours pas. Comme s'il leur en voulait de s'être tous enfuis par là-bas, dans la direction qu'il indiquait avec son bras. Et lui, maintenant, assis là, seul avec sa bière.

Kate

Quand j'ai vu qu'on recherchait, en Angleterre, un plombier pour une station antarctique, je me suis dit que ça pouvait pas mieux tomber, parce que ce jour-là, justement, pour différentes raisons, j'avais une furieuse envie de m'en aller passer quelques années, voire le restant de mes jours, en Antarctique.

Et puis je me suis souvenu que j'étais pas plombier, et que je parlais à peine anglais, alors j'ai su que c'était pas du tout cuit, et pour tout dire, que c'était même perdu d'avance. Et jamais j'ai tant regretté que ce jour-là de ne pas avoir fait de la plomberie, parce que j'aurais pas hésité à postuler sinon, pas une seconde, et si ça se trouve, à l'heure qu'il est, je me ferais moins suer, et au lieu de m'esquinter à essayer de faire des phrases, je serais bien peinard au grand air, assis sur la banquise, à trier mes joints en sifflotant, les rouges avec les rouges, les noirs avec les noirs.

« Une expérience des systèmes de chauffage central serait très appréciée », disait l'annonce. Tout à fait mon profil, en plus, si j'avais été plombier. Même l'un des meilleurs experts mondiaux en systèmes de chauffage central, sans me vanter. Et c'est ce qui m'aurait sûrement permis de faire la différence avec les autres, malgré mon piètre anglais. D'autant que les 22 300 livres sterling par an qu'ils promettaient, en plus du gîte et du couvert, j'avais prévu de leur dire qu'ils pouvaient les garder, parce que je faisais pas ça pour l'argent, sûrement pas.

Ils auraient fini par y croire, alors, à l'extrême sincérité de ma très grande motivation. Et je me serais retrouvé là-bas, les pieds dans la neige, au milieu des manchots, ma caisse à outils en bandoulière, plus besoin de m'emmerder avec des mots, juste un presse-étoupe à resserrer de temps en temps, tapoter gentiment du bout de l'index sur un ou deux manomètres, en passant, et puis plus rien d'autre à faire qu'à attendre la fin de la journée, m'asseoir au bord de l'eau et regarder passer les icebergs à l'horizon. Et puis sur les coups de dix-sept heures, un dernier petit tour à la chaufferie, y déposer ma caisse à outils, et enfin passer voir Kate, au labo, me faire offrir un thé.

Kate, dans la nuit polaire. Elle, spécialiste du réchauffement climatique, et moi, des systèmes de chauffage central. On est fait pour s'entendre. « Ça chauffe pas trop ? » je lui demande – « *Not too hot?* » – dans mon anglais le plus appliqué. Mais elle croit comprendre que je lui parle des radiateurs, alors que moi, tout comme elle, c'est au sujet de la planète que je m'inquiète. Je persévère pour essayer de me faire comprendre : « Je veux dire, ça fond pas trop vite ? » Elle fronce les sourcils. « *The banquise, I mean...* », je lui précise encore, en pointant mon doigt vers le sol. Elle écarquille les yeux. Puis il y a comme un silence embarrassé. On s'en sortira jamais. J'avale mon thé encore brûlant, je lui souris, et puis : « Je vais vous laisser travailler, je lui fais. On se voit au dîner. »

Et puis après le dîner, lui proposer d'aller faire quelques pas dehors, s'il fait pas moins trente-cinq, le nez en l'air sous l'aurore australe, l'écouter me parler, béat, de la vie des diatomées, et quand le fond de l'air fraîchit, lui poser ma veste sur les épaules et rentrer prendre un verre sous les regards envieux des autres, que j'entends déjà ricaner, et qui se demandent ce qu'il a, le plombier, à être toujours fourré avec Kate, et qu'est-ce qu'il peut bien avoir à lui raconter à part des histoires de robinet.

Et nuit après nuit, de trop penser à elle, ne jamais pouvoir fermer l'œil. Rallumer, alors, et me relever pour revoir mes verbes irréguliers. To kate, kate, kate… jusqu'à tomber enfin de sommeil.

Et le lendemain, comme la veille, m'en aller à la chaufferie, le cœur léger, juste un raccord à la filasse, et le restant de la journée, m'asseoir sur la banquise, y creuser un trou pour pêcher, peut-être, ou ne pas en creuser, ne pas pêcher, ne rien faire du tout, juste attendre qu'il soit l'heure, de nouveau, d'aller retrouver Kate au labo, me faire offrir un thé.

Jusqu'au jour de la panne. La grande panne de chauffage central. Et c'est vers moi que tous les regards se tournent. Soudain, ils tremblent, tous, de froid et de peur, et soudain on me considère, on s'aperçoit que je suis là, on me tape sur l'épaule, on me dit qu'on a confiance en moi. Alors je m'enferme à la chaufferie, trois jours et trois nuits.

Pendant que je sue, sang et eau, le nez dans la chaudière, que je la démonte, pièce par pièce, que je m'évertue à essayer d'y comprendre quelque chose, les autres, tout scientifiques qu'ils sont, ils se mettent à réciter des psaumes, ils prient à genoux le saint patron des plombiers. Et entre deux chapelets, tour à tour, sur la pointe des pieds, ils viennent me voir, inquiets, à la chaufferie, aux petits soins pour moi, me demander si j'ai besoin de rien, si je pense que ça va aller. Je leur réponds que c'est encore trop tôt pour me prononcer, mais que c'est plus grave que je pensais. Et puis je leur dis de me laisser, maintenant, de ne plus me déranger, sans cesse, parce que j'ai besoin de concentration. Un dieu vivant, en Antarctique, que l'expert en systèmes de chauffage central, je me dis, en les voyant se retirer en inclinant la tête. Et je me demande bien alors ce qui m'a pris de les refuser, les 22 300 livres sterling, quand c'est le double, au moins, que j'aurais dû exiger.

Il n'y a que pour Kate que ma porte est toujours ouverte. Et pour elle, toujours je m'interromps, je m'essuie les mains et le front, lui adresse un large sourire lorsqu'elle vient pour m'apporter un thé et quelques mots gentils. Kate, mon seul réconfort dans mon combat contre les éléments.

Lorsqu'elle s'en va, je lui fais un petit signe de la main et m'y remets avec d'autant plus d'acharnement. Car c'est pour qu'elle n'ait pas froid que je me bats. Mais plus je la côtoie, cette chaudière, moins je la comprends.

Au matin du quatrième jour, enfin, hagard et transi, je quitte la chaufferie. Le blizzard se lève. À bout de forces, je pousse la porte du réfectoire, titubant.

Ils sont là, tous attablés, au petit déjeuner, emmitouflés, grelottants, suspendus à mes lèvres gercées. Alors j'inspire profondément et, la gorge serrée, leur annonce que la plomberie, comme la science, n'a malheureusement pas réponse à tout. Et tandis qu'ils blêmissent, que leurs visages se glacent, je poursuis en les priant de croire que j'ai fait tout mon possible. « Attendons calmement les secours », leur dis-je, en guise de conclusion.

Ils en restent sans voix, se regardent les uns les autres, interdits, pendant que Kate et moi, soudain conscients qu'il n'y a de salut pour nous que dans le rapprochement, le réchauffement, discrètement, nous nous éclipsons.

« Les candidats peuvent faire parvenir leur CV jusqu'au vendredi 21 », disait l'annonce. Mais à quoi bon leur écrire que j'ai toujours rêvé de faire de la plomberie, et que je le regrette, maintenant, sincèrement, de ne pas avoir appris le métier, que je m'en mords les doigts, et que je préférerais mille fois être plombier en Antarctique plutôt que de rester assis là, toute la sainte journée dans mes pantoufles à essayer de faire des phrases. À quoi bon ? Peine perdue, me suis-je dit. Adieu, Kate. Adieu les manchots.

Voyage organisé

Sur l'autoroute déserte qui nous menait tout droit vers l'océan, on allait bon train, le cœur léger, lorsque dans le sillage d'un camion, soudain, on s'est retrouvés au beau milieu d'un nuage de plumes.

C'était une sorte de bétaillère pour poules. Comment dit-on ? Une volaillère, une poulaillère, peut-être bien. Toujours est-il que c'était un camion plein de casiers pleins de poules, et qu'à coup sûr, à cette allure, là où elles allaient, elles arriveraient plumées – ce qui faciliterait sûrement la tâche aux petites mains du comité d'accueil. Car il fallait voir les choses en face, ce n'était pas pour les emmener picorer à la plage qu'on les avait entassées dans ce camion.

Nous avons dépassé les volatiles et pris le large. Une dernière fois encore, j'ai jeté un œil dans le rétroviseur, au loin, sur ce funeste vaisseau et son sillage de plumes. Comme nous avons bien de la chance de partir en vacances quand d'autres vont à l'abattoir, ai-je pensé. Et puis je n'y ai plus pensé.

On filait sur l'asphalte, vers l'océan, sous un ciel bleu dragée.

Problème de sablier

Le vent ne faiblissait pas. Dans la maison qu'on avait louée, sur l'île, au fond d'un tiroir, il avait trouvé un sablier avec lequel il s'était mis à s'amuser pour passer le temps. « Sûrement un sablier pour faire des œufs à la coque », j'ai dit, mais j'ai voulu le chronométrer quand même, pour voir, des fois que ce serait un sablier pour les œufs durs, ou le sablier d'un jeu de société dont rien n'aurait été sauvé, à part le sablier.

À mon signal, il l'a retourné, j'ai regardé les petits chiffres gris défiler sur le chronomètre de ma montre, et le sable, lentement, s'écouler jusqu'au dernier grain. 2 minutes 43 secondes. Quelle durée absurde pour un sablier, j'ai pensé. Et cela m'a contrarié.

Afin d'écarter toute erreur de chronométrage, je lui ai demandé de le retourner une nouvelle fois et, à la même seconde, très exactement, j'ai relancé le chronomètre. À l'instant où les 2 minutes 43 secondes ont été atteintes, puis dépassées, au regard du sable qui restait encore dans l'ampoule supérieure, je me suis dit que tout rentrait dans l'ordre et qu'on s'acheminait, à quelques grains près, vers les trois minutes attendues. J'en éprouvais un réel soulagement, car j'estimais être en droit d'exiger d'un sablier parfaitement hermétique que pas une seule seconde ne s'en échappe, aussi sûrement que les minutes s'écoulent en soixante secondes, les heures en autant de minutes, et ainsi de suite.

À l'approche des trois minutes, pourtant, en m'apercevant qu'il restait encore du sable dans l'ampoule supérieure, je me suis mis à déchanter. Au moment précis où il a eu fini de s'écouler, j'ai stoppé la course du chronomètre. Celui-ci indiquait 3 minutes et 7 secondes.

Qu'une montre avance ou retarde, rien d'étonnant à cela, c'est une chose bien connue. Le mécanisme est fragile et capricieux, un simple grain de sable dans les rouages, justement, peut en être la cause. Mais le sablier, en revanche, c'est le triomphe du grain de sable sur les rouages, et pour peu que l'instrument repose d'aplomb, bien à la verticale, et qu'on ne se mette pas à l'agiter durant l'écoulement du sable, rien ne devrait en perturber son élémentaire fonctionnement.

J'ai voulu en avoir le cœur net et, plusieurs fois de suite, nous avons renouvelé l'expérience en prenant bien soin de le retourner avec un geste mesuré et identique à chaque fois. Mais rien n'y a fait. Tantôt le sable s'écoulait en moins de trois minutes, tantôt il les dépassait largement.

Cela ne l'amusait plus visiblement, et il a fini par s'en lasser, d'autant qu'à plusieurs reprises, malgré son insistance, je lui avais refusé le droit de s'occuper du chronomètre sous le prétexte que les choses étaient devenues trop sérieuses pour lui en confier la responsabilité. Il a poussé une chaise jusque devant la fenêtre et s'y est agenouillé, le nez collé à la vitre. Au-dessus de la digue, les goélands volaient sur place, face au vent.

J'ai poursuivi seul, un moment, dans l'espoir de voir une fois au moins le sable s'écouler en trois minutes exactement. Ou à peu près. Ou au moins deux fois de suite en une durée identique. Même en 2 minutes 43 secondes. Peu importe, après tout. Mais peine perdue. Ce sablier était un modèle d'inconstance et j'ai fini par conclure, amer, qu'on ne pouvait s'y fier en aucun cas, ni pour les œufs à la coque, qui auraient été soit trop peu ou trop cuits, ni pour un quelconque jeu de société dont les joueurs se seraient trouvés tantôt avantagés, tantôt pénalisés, selon les caprices de l'instrument.

J'en ai déduit que seul un vice de fabrication pouvait en être la cause. Et si j'avais moi-même acheté ce sablier et que je m'étais fait escroquer de la sorte, j'aurais sûrement pris la peine d'écrire au fabricant de cet objet inutile pour lui dire ma manière de penser : « Monsieur, le sablier fabriqué par vos soins, dont j'ai récemment fait l'acquisition, semble avoir été rempli à la louche et j'en suis outré. De plus, je ne sais comment, ni pourquoi, la quantité de sable déjà très approximative qui y est contenue, paraît fluctuer, si bien que tantôt il manque du sable, tantôt il n'en finit plus de s'écouler. » Et pour conclure, bien entendu, j'aurais exigé son remboursement dans les plus brefs délais.

Au bout de quelques mois, alors, j'aurais sûrement obtenu gain de cause, de plates excuses et des explications. Les seules plausibles, je n'en voyais pas d'autres : « Cher Monsieur, malgré le très grand soin que nous apportons à la fabrication de nos sabliers selon des méthodes traditionnelles, et en dépit de la grande qualité du sable que nous utilisons et qui provient exclusivement de nos carrières, il peut arriver malencontreusement qu'un peu d'humidité contenue à l'intérieur des ampoules entraîne la formation d'infimes grumeaux susceptibles de perturber l'écoulement du sable et de nuire à la précision de l'instrument. » En d'autres termes moins alambiqués, leurs ouvriers suaient à grosses gouttes et il s'en excusait.

Quoi qu'il en soit, je l'ai dit, ce n'était pas mon sablier, et même si je n'avais aucune intention de perdre mon temps à écrire à qui que ce soit, machinalement je l'ai tout de même inspecté pour voir si une marque de fabrique y était inscrite, ce qui n'était pas le cas, bien évidemment. Le contraire eût été surprenant.

Cela ne m'empêcherait pas pour autant d'en toucher deux mots à la propriétaire des lieux, le jour de notre départ, avec deux ou trois autres remarques que je tenais à lui faire : « Je tiens tout de même à vous dire que contrairement à ce que laissait entendre votre annonce, cette maison n'est pas une maison, mais un appartement, duquel on entend les locataires du dessus, par ailleurs fort bruyants. Et le jardin n'étant pas privatif, comme nous le pensions, celui-ci ne nous a été d'aucun intérêt. Et soit dit en passant, le sablier que nous avons trouvé dans le tiroir de la cuisine est défectueux. »

Je m'apprêtais à ranger cet instrument absurde là où il l'avait trouvé, lorsqu'il a cessé de regarder au-dehors et s'est tourné vers moi. « C'est dans longtemps qu'on sera mort ? » m'a-t-il demandé. Voilà que ça lui reprend, j'ai pensé. Mais cette fois, j'ai fait mine de n'avoir rien entendu. Décidément, elles étaient pas faciles ces vacances, avec cette maison qui n'en était pas une, le jardin à partager, et tout le reste, et ce foutu sablier plein d'invisibles grumeaux.

Le vent ne faiblissait pas. On entendait, dans le port, les drisses tinter contre les mâts.

Comment trouver son premier emploi

Il y avait cet homme noir, assis dans le métro bondé, un samedi soir d'été. Imperméable aux conversations, aux éclats de voix, insensible aux mouvements chaotiques de la rame, aux sonneries des portes, aux soupirs et aux plaintes de ceux qui s'entassent et se bousculent, il lisait.

C'était un de ces vieux livres de poche à la tranche rouge. Sur la couverture, la photo d'un téléphone à cadran posé sur un bureau. *Comment trouver son premier emploi* en était le titre.

Il avait bien du mérite, ai-je pensé, de se plonger dans un tel ouvrage, un samedi soir d'été, sans cesse frôlé par ces filles en robes légères qui s'en allaient danser, et pourtant imperturbable.

À le voir ainsi absorbé, on sentait combien il le désirait ce premier emploi, et combien il le méritait, lui, cent fois plus qu'un autre, sorti pour aller boire et danser, avec pour seule idée en tête que de raccompagner les filles. D'autant plus de mérite, ai-je pensé, qu'il n'avait depuis longtemps plus l'âge d'un jeune homme à la recherche d'un premier emploi. D'autant plus de mérite, encore, s'il s'était mis en tête de suivre à la lettre les conseils des pages jaunies de son vieux livre. Quel genre de métiers disparus allait-il bien pouvoir trouver à l'aide de son grimoire ?

Quoi qu'on en dise, il y en avait de la détermination et de l'espoir dans cet homme courbé sur son livre. Et lorsque ce joli bouquet d'insouciantes est descendu dans un éclat de rire, le bousculant, l'une après l'autre, il n'a même pas levé les yeux pour les suivre du regard jusqu'au bout du quai, tout à son vieux livre qu'il était, et à son futur premier emploi.

Le vent dans le dos

L'été, avec Sven, on restait souvent assis là, la tête entre les genoux à gratouiller le bitume, à se demander ce qu'on allait bien pouvoir faire de notre après-midi. Lorsque l'un de nous émettait une vague proposition pour nous tirer de notre immobilité, l'autre la trouvait toujours si peu enthousiasmante qu'il ne relevait même pas la tête. Juste un soupir lui suffisait à se faire comprendre. Et on continuait à regarder bosser les fourmis, qui ignorent leur bonheur de ne pas connaître l'ennui, jusqu'à ce que l'un de nous ait une nouvelle idée, aussitôt tuée dans l'œuf par un simple bougonnement de l'autre.

Et puisque c'était comme ça, puisqu'on savait tellement pas quoi foutre, au bout d'un moment, Sven se dépliait en s'étirant, ramassait son vélo, et menaçait de se rentrer chez lui pour aller regarder le feuilleton. Je posais ma main sur son guidon et tentais de l'en dissuader. On négociait un peu, et on finissait souvent par tomber d'accord. Alors on allait se trouver un coin peinard, et avec quelques branches mortes, on allumait un feu, au-dessus duquel on faisait fondre des sacs en plastique que l'on regardait tomber en gouttes incandescentes. C'était ce qu'on appelait « faire un feu d'artifice ».

Ou bien on partait sur les routes à vélo. Et de village en village, on faisait une boucle qui nous ramenait chez nous deux ou trois heures plus tard.

Le vélo de Sven ne tournait pas tout à fait rond. Il y avait toujours un bruit suspect quelque part, et avant le sommet de la première côte, dès qu'on se mettait à appuyer un peu sur les pédales, sa chaîne déraillait et se coinçait à mort. On devait s'y prendre à deux pour la remettre en place, en s'esquintant les doigts sur les dents des pignons. Et lorsque enfin on y était arrivés, Sven menaçait de faire demi-tour. Je parvenais à le convaincre de poursuivre. On essuyait nos mains dans l'herbe et on se remettait en selle.

À mi-chemin, on s'arrêtait dans une épicerie qui avait toujours l'air fermée et qui pourtant ne l'était jamais. Avec une ou deux pièces qu'on sortait de nos chaussettes, on se payait une bouteille de limonade et des biscuits qu'on mangeait dehors, au soleil, assis sur les marches, à côté des bonbonnes de gaz.

Entre deux hameaux, un peu plus loin, on avait pris l'habitude de faire une halte sur un petit pont pour regarder couler la rivière. Une fois repartis, on ne s'arrêtait plus jusqu'à l'arrivée, sauf dans la dernière côte où, pour faire durer un peu la balade, Sven déraillait une fois encore.

De retour chez nous, on se retrouvait assis à la même place, penchés au-dessus de la même colonne de fourmis dont on se plaisait à perturber le cheminement avec toutes sortes d'obstacles que l'on semait sur leur parcours. On les observait, alors, s'affoler d'un fétu de paille qui leur barrait la route, d'un simple crachat, ou d'un caillou dont elles faisaient une montagne.

Toute cette agitation, cette énergie dépensée pour franchir une brindille, déplacer une feuille ou envisager seulement de contourner un gravillon, par la gauche puis par la droite, et sembler y renoncer, faire demi-tour, puis finalement s'y résoudre quand même, au bout d'un moment, ça nous épuisait autant qu'elles. On bâillait, l'un après l'autre, on ramassait nos vélos, et on rentrait chacun chez nous, regarder la télévision.

Le lendemain, on se rejoignait à la même heure. « Qu'est-ce qu'on fout ? » était la première des questions qu'on se posait. En attendant d'y trouver une réponse, on commençait d'abord par emmerder les fourmis.

Un jour, pourtant, on n'a pas hésité, on n'a pas perdu de temps. On a su quoi faire dès la première seconde. On a pris nos vélos et on est partis sous un soleil de plomb.

On pédalait avec une ardeur inhabituelle. Les montées qu'on finissait d'ordinaire en danseuse, ou qu'on finissait à pied, nous paraissaient bien moins rudes, et par miracle, Sven n'a pas déraillé une seule fois. On se jetait dans les descentes, le nez dans le guidon, sans jamais toucher aux freins.

Quelle que soit notre direction, il nous semblait qu'on avait toujours le vent dans le dos. Ce n'était pas, comme auparavant, une de ces randonnées avec l'ennui à nos trousses. On savait pourquoi on pédalait, cette fois, et c'est ce qui nous donnait des ailes.

C'était au cours de l'une de nos balades précédentes qu'à un carrefour, au lieu de prendre à droite, pour changer un peu nous avions pris à gauche et, empruntant un nouvel itinéraire, poussant un peu plus loin, alors que nos gourdes étaient vides depuis un moment, déjà, au cœur d'un village dont nous ne soupçonnions même pas l'existence, comme une oasis en plein désert, une supérette nous était apparue.

Nous avions laissé tomber nos vélos sur le trottoir et étions entrés. Et c'est en flânant à travers les rayons de ce magasin, bien plus grand que la petite épicerie dans laquelle nous avions l'habitude de nous arrêter, que l'idée nous était venue. Enfin, c'est à moi qu'elle est venue, il me semble, et pas immédiatement d'ailleurs. Lorsque j'en avais fait part à Sven, le lendemain, en lui exposant mon plan, lui qui pourtant ne se réjouissait jamais de rien avait fait preuve d'un enthousiasme inespéré.

On maintenait le cap et l'allure. Une bonne demi-heure nous séparait encore de l'arrivée. On s'engouffrait entre les arbres, qui par endroits bordaient la route, comme dans des tunnels d'ombre et de fraîcheur. On en ressortait éblouis. Quelques kilomètres plus loin, de vieux pommiers succédaient aux platanes, sans même que nous prenions le temps de nous arrêter pour goûter à ses fruits. Et puis plus d'arbres, plus d'ombre, on se retrouvait à la merci du soleil jusqu'à ce qu'une enfilade de peupliers, cette fois, nous abrite durant quelques secondes.

Au bout de longues minutes à découvert, deux ou trois libellules nous sont passées sous le nez, nous ont annoncé les étangs. On touchait au but. Le prochain village serait notre destination.

Dans la longue ligne droite qui précédait les premières habitations, nous avons coupé notre effort et slalomé en travers de la route, comme pour retarder le moment qui motivait pourtant toute cette expédition.

Nous avons roulé côte à côte jusqu'à cette petite place, au centre du village, où nous nous sommes arrêtés juste devant un monument aux morts. Nous avons posé nos vélos en appui sur les grilles qui l'entouraient, et bien qu'il n'y ait eu personne aux alentours, nous avons feint d'y accorder un certain intérêt. Debout face aux noms gravés dans la pierre, il nous suffisait de tourner notre tête sur la droite pour observer notre objectif à une cinquantaine de mètres environ.

Notre simulacre d'hommage a tourné court lorsque Sven s'est mis à rire à la lecture d'un nom qu'il avait trouvé grotesque et s'était mis à le répéter, hilare. Ce n'était pas le moment d'attirer l'attention sur nous et je lui ai fait remarquer que de derrière les fenêtres des maisons qui donnaient sur la place, nous étions peut-être observés.

Nous avons tourné le dos à la stèle et fait quelques pas pour nous en éloigner. En jetant un coup d'œil en direction de la supérette, j'ai vu que deux personnes venaient d'y entrer. Nous avons convenu d'attendre qu'elles en soient ressorties avant de passer à l'action. Nous avons fait le point une dernière fois, nous sommes assurés que notre motivation était intacte et qu'au dernier moment ni l'un ni l'autre n'allions défaillir. Nous n'avions pas fait tout ce chemin pour rien. Tout en cherchant à me rassurer moi-même, j'ai cru bon de rappeler à Sven que, même si nous agissions à visage découvert, personne ne nous connaissait ici. Nous n'étions que deux cyclistes anonymes, et c'est pourquoi l'endroit était idéal et nous l'avions choisi.

Pour ne pas l'inquiéter, je ne lui en avais pas parlé, encore, mais si les choses tournaient mal, à défaut de pouvoir nous faire aisément refaire le visage, j'avais tout de même été jusqu'à envisager que nous aurions peut-être à brûler nos vêtements et à repeindre nos vélos.

Assis au pied de la stèle, nous avons attendu, fébriles, quelques longues minutes sans plus rien nous dire, jusqu'à ce que les deux clients qui venaient d'entrer dans le magasin en ressortent. Alors nous nous sommes levés, avons enfourché nos vélos et, en quelques coups de pédales, nous avons atteint notre objectif.

Devant le magasin, nous avons garé nos vélos dans le râtelier. À la place d'une pièce, cette fois, c'est un petit billet que j'ai tiré de ma chaussette. Puis nous sommes entrés.

La femme qui pliait des cartons, à l'entrée, m'avait tout l'air d'être la patronne. C'est elle qui tenait la caisse et à qui nous avions eu affaire la fois précédente. Elle avait une cinquantaine d'années, au moins, qu'on devait lui donner depuis bien longtemps déjà. Son air renfrogné n'augurait rien de bon. Lorsqu'en passant à côté d'elle nous l'avons saluée d'un air faussement décontracté, elle n'a même pas pris la peine de nous répondre.

Nous ne nous sommes pas dirigés d'emblée vers le rayon qui nous intéressait, car la ruse que nous avions mise au point consistait justement à ne pas montrer à quel point il nous intéressait. C'est devant les boissons que nous nous sommes rendus d'abord, avant d'aller flâner du côté des friandises, pour nous attarder ensuite un moment au rayon des biscuits, du bout duquel, en oblique, on avait une vue sur les journaux et les magazines qui couvraient tout un mur au fond du magasin. C'est là qu'était notre véritable destination et nous avons fait les quelques pas qui nous en séparaient.

Nous avons commencé par faire semblant de nous intéresser aux journaux qui se trouvaient juste devant nous. Bien que nous pensions être les seuls clients du magasin, à cet instant, une vieille femme, sortie d'on ne sait où, s'est approchée dans notre dos et s'est plantée juste à côté de nous devant les revues de broderie et de tricot qu'elle s'est mise à feuilleter.

Nous l'avons maudite mais nous avons gardé notre sang-froid. Ce n'était qu'un contretemps de plus. Nous n'avons pas levé le nez de nos journaux jusqu'à ce qu'elle ait eu fait son choix, et quand elle s'est éloignée vers la caisse, alors enfin nous avons pris sa place.

À l'aplomb des revues de tricot, au-dessus des femmes emmitouflées de laine de la tête au pied sur fond de chemins d'automne, il y avait celles, moins frileuses, qui nous intéressaient bien davantage, et l'une d'entre elles, tout particulièrement, en couverture, avec qui nous avions fait connaissance la fois précédente et sur laquelle nous avions jeté notre dévolu. Nous n'avons pas eu à la chercher bien longtemps. Elle nous appelait du regard. Je me suis retourné une dernière fois pour m'assurer que personne ne nous observait, puis j'ai tendu la main dans sa direction et l'ai attrapée du bout des doigts.

Nous n'avons pas pu nous empêcher de parcourir le magazine comme pour nous assurer qu'elle ne s'était pas rhabillée depuis l'autre jour, sous l'injonction de quelque vieille tricoteuse de passage. Et bien que nous ayons été rassurés aussitôt de voir qu'elle tenait ses promesses, nous nous sommes tout de même attardés sur certaines pages qui nous intriguaient tout particulièrement.

De l'anatomie des amphibiens, et de la grenouille en particulier, on avait quelques rudiments, quelques vagues souvenirs de dissection. Du corps féminin, en revanche, de ses reliefs et de ses abîmes, aucun souvenir, même flous, et ce n'est rien de dire que certains détails demandaient à être éclaircis.

Mais nous n'avions pas de temps à perdre. J'ai refermé le magazine. Nous aurions tout le loisir de nous y repencher une fois loin d'ici. Il fallait agir vite si l'on ne voulait pas que l'arrivée d'autres clients nous complique encore la tâche. C'est ce que j'ai dit à Sven.

En préparant notre opération, si l'idée de voler la revue nous avait parcouru l'esprit un moment, nous l'avions aussitôt abandonnée en prenant conscience qu'il aurait été bien difficile de la dissimuler sous les vêtements légers que nous portions par ces temps de canicule. Si nous avions été vêtus de blousons fermés jusque sous le menton, en revanche, nous aurions d'emblée paru suspects. De même que si nous nous étions équipés de sacs à dos, à coup sûr, on nous aurait demandé de les ouvrir.

La configuration des lieux n'était pas non plus idéale. Des miroirs étaient disposés dans tous les coins, on se reflétait de partout, sans compter que des caméras nous avaient peut-être échappées. Toute tentative de vol serait on ne peut plus périlleuse, il avait bien fallu nous rendre à l'évidence. Le plan B, moins risqué, et plus honnête, s'était alors imposé naturellement. Il consistait tout simplement à acheter le magazine plutôt que de le voler.

Nous nous sommes dirigés vers la caisse. Dans quelques secondes, maintenant, nous serions fixés. De deux choses l'une, ou bien nous ressortions d'ici en charmante compagnie, ou bien la honte allait nous tourmenter chaque jour de notre vie jusqu'à notre dernier soupir – de honte, lui aussi. Cela dépendrait de notre force de persuasion, uniquement, grâce à laquelle, aux yeux de la patronne, si tout se passait comme prévu, nous paraîtrions bien plus que notre âge. Et au lieu des adolescents timorés que nous étions se tiendraient alors face à elle deux jeunes hommes qui ne manquaient pas d'aplomb.

Nous avons bombé le torse et nous sommes approchés d'elle. Nous savions qu'au moment où elle se saisirait du magazine, si les choses tournaient mal, notre défense serait fragile. Pour ne pas perdre la face, on avait envisagé quantité d'excuses et retenu celle qui nous paraissait la plus pertinente, et qui consisterait à lui dire qu'on ne faisait que rendre service, et que ce magazine, c'était mon oncle, mon vieil oncle alité qui nous avait demandé de l'acheter. Et considérant la couverture en feignant de la découvrir devant elle, plissant les yeux comme si nous avions eu besoin de lunettes, on lui aurait dit qu'on ne savait d'ailleurs pas de quoi il s'agissait au juste, qu'on ne s'était même pas donné la peine de regarder. C'était ce qu'on avait trouvé de plus crédible.

Comme convenu, Sven est passé devant moi avec la limonade et les biscuits qui nous serviraient à détourner son attention. C'est ainsi que les grands illusionnistes procèdent en agitant une main pour mieux faire oublier l'autre. Derrière Sven, j'ai posé le magazine sur le tapis roulant, et la poitrine serrée, je l'ai regardé s'en aller vers la main de la patronne.

Est-ce notre stratagème qui a parfaitement fonctionné ? Ou bien est-ce simplement la totale indifférence que nous lui inspirions ? Difficile à dire. Toujours est-il que tout s'est passé comme prévu. Au-delà, même, de nos espérances. Nous n'avons eu droit à aucune remarque, aucun regard désapprobateur. Nous nous sommes retrouvés dehors en nous gardant bien d'exprimer quoi que ce soit de notre triomphe. Nous sommes remontés à vélo, sans traîner, et ce n'est qu'à la sortie du village que nous avons enfin poussé quelques cris de joie.

On avait prévu de s'arrêter à mi-chemin, au pied d'un arbre, pour nous désaltérer, manger quelques biscuits, et en faire tomber les miettes sur les pages de notre magazine. On filait plus vite encore qu'à l'aller, impatients de faire notre halte et portés par la fierté d'avoir su arracher à son triste sort notre princesse impudique, à qui nous avions, au mieux, évité l'indifférence générale et le retour à l'expéditeur, au pire, la table de chevet d'un vieillard lubrique ou la couchette d'un routier de passage. Qui d'autre mieux que nous saurait l'admirer sous toutes ses belles coutures ? Ne lui manquait que la parole. Nous la lui donnerions.

Aussi souvent que possible, nous roulions côte à côte. La question de savoir qui allait l'héberger s'est rapidement posée. D'un commun accord nous avons opté pour une garde alternée. Je revendiquai la paternité de notre expédition, son organisation, et par conséquent le droit de l'accueillir le premier. Sven, beau joueur, n'a pas rechigné.

Plus rien ne serait jamais comme avant, maintenant, pensais-je. Une aube nouvelle se levait pour nous. On touchait à des choses essentielles. Il me semblait même que nous avions trouvé un sens à notre vie.

Et jusqu'au fin fond des fourmilières, on pouvait s'en réjouir. On allait enfin pouvoir bosser tranquille.

Jour sans

N'ai écrit qu'un mot, aujourd'hui : mon nom, que j'ai imprimé sur une feuille en jolis caractères.

Ai découpé la feuille aux dimensions appropriées pour en faire une étiquette. Me suis donné du mal. Ai dû recommencer plusieurs fois pour que les bords soient droits.

Puis j'ai descendu l'escalier avec mon nom dans une main et un rouleau de ruban adhésif dans l'autre. N'ai croisé personne.

Sur ma boîte aux lettres, j'ai décollé le nom de mon prédécesseur, puis l'ai remplacé par le mien. Ai pris un peu de recul pour apprécier le résultat, pas mécontent de moi.

Puis en remontant l'escalier, encore une journée bien remplie, me suis-je dit.

Divertimento

Rigolo ma non troppo

C'est un quartier de musiciens que j'habite, maintenant. Ce n'est pas une formule idiote, si on n'y a jamais vécu, qu'on ne s'y est pas au moins promené, on ne peut pas s'en rendre compte, mais moi je le vois tous les jours, sans même sortir de chez moi. Rien que sous mes fenêtres, c'est un défilé permanent. Il suffit que je jette un œil dans la rue et, dans la minute qui suit, il y a fort à parier qu'un musicien passe.

Voyez par vous-mêmes. Voilà déjà qu'apparaît un jeune guitariste, suivi d'une violoniste, il me semble. Ils se connaissent, d'ailleurs, puisqu'elle l'appelle et qu'il se retourne. Il l'attend, tandis qu'elle presse le pas pour le rejoindre. Moi je ne les connais pas, personnellement, ce n'est qu'aux formes des boîtes ou des étuis qu'ils portent à la main ou sur le dos que je devine de quoi ils jouent.

Point de mystère lorsqu'il s'agit d'instruments à cordes. De même que les pantalons ou les robes ajustées en disent plus long que les vêtements flous, l'enveloppe de ces instruments-là épouse si bien leurs formes que tout est dit dès le premier regard, si bien qu'avec un peu d'expérience et d'observation, on parvient même à distinguer le violoniste de l'altiste.

Mais ce n'est pas toujours aussi facile, car de ces étuis ou de ces boîtes, il en existe de toutes sortes, de toutes dimensions et de différents coloris. Des parallélépipèdes, plus ou moins allongés, d'autres aux formes oblongues, ou arrondies, coniques ou cylindriques, parfois combinées, et certains d'une taille si imposante qu'on dirait qu'ils servent à transporter un alambic, ou une pièce d'artillerie.

Même si l'on fait aisément la différence entre une flûte traversière et un basson, il faut parfois beaucoup plus d'imagination ou de clairvoyance pour, au contenant, en déduire le contenu. D'autant qu'en ce domaine également, les apparences peuvent être trompeuses, et je ne doute pas que certains instrumentistes complexés transportent leur ocarina dans une caisse à contrebasse.

De même, on aurait tort de déduire trop hâtivement que celui-ci, par exemple, qui à l'instant traverse la rue, ne joue de rien. Car même ce petit sac en toile difforme qu'il porte en bandoulière est bien assez grand pour contenir tout à la fois, une paire de baguettes, des maracas, des castagnettes, des mailloches et des balais. Et c'est à un percussionniste, sûrement, que nous avons affaire. Et cet autre, encore, en bras de chemise, à la démarche chaloupée et l'air prétentieux, qu'on pourrait croire gâté par la nature, il faut se détromper, ce n'est que son harmonica qu'il a glissé dans sa poche. Et même celui qui n'a rien, ni dans les mains ni dans les poches, a sûrement au moins une mélodie dans la tête.

C'est bel et bien un quartier de musiciens, ici, je l'ai dit. Et qui ne l'est pas, l'a été ou le sera, à moins que ce ne soit son frère, ou quelqu'un des siens. Et cela ne date pas d'hier. Au pied de cet immeuble, une plaque en atteste. Un grand compositeur est né ici. Un autre, moins célèbre, est mort là-bas.

Mais où vont-ils, tous, se demanderait le promeneur intrigué ? Au conservatoire, pardi, pour la plupart, juste au bout de la rue. Les uns pour apprendre, les autres pour enseigner. À une répétition, une audition, un concert, acheter une partition, une anche ou un jeu de cordes, faire débosseler leur trompette, ou bien se faire remécher l'archet. Il y a toujours à faire, ici, pour qui est musicien.

Dès que reviennent les beaux jours, que dégèlent les doigts, les pistons et les tuyaux, tout semble encore aller crescendo. De toutes les fenêtres ouvertes, alors, tombent des notes et, sur la place noire de monde, souvent, le soir, on donne un concert.

Au coin des rues, on croise des sopranes ou des ténors qui marchent d'un bon pas en se chauffant la voix. Au café, les musiciens se retrouvent. En terrasse, ils transposent, ils composent. C'est ici que se font et se défont les quatuors et les quintettes. Et lorsque à la table de quelques jeunes femmes, les éclats de rire fusent, on dirait que toutes, en chœur, elles vocalisent.

Les cloches de l'église aussi participent à ce grand festival et tintent tous les quarts d'heure, sonnent et carillonnent à la moindre occasion. Et quand tout le quartier soudain se met à vibrer, ce n'est que l'organiste en transe qui répète les portes grandes ouvertes.

Les passions et les drames qui se jouent ici ne sont pas les mêmes qu'ailleurs. Cette fille qui court là-bas et traverse le carrefour au péril de sa vie, c'est pour, au plus vite, aller retrouver son piano dont elle est éperdument éprise. Les cris, les hurlements, c'est pour une mesure infranchissable, un doigté sur lequel on s'écartèle. Et cette femme qui quitte la boutique du luthier, la mort dans l'âme, c'est son violon fêlé, sans doute, qu'elle pleure à chaudes larmes.

Quelle joie, quel privilège, je me dis, chaque matin en ouvrant les yeux, de vivre au cœur de ce quartier, dans cet immeuble de musiciens. Quelle douceur d'être réveillé par le velouté d'un saxophone qui reprend vie dans la boutique du rez-de-chaussée. Et comme les murs ne sont pas bien épais, je profite aussi des solos de guitare de mon voisin de palier.

Le petit retraité du dessus, lui, c'est de l'accordéon qu'il fait. Souvent avant midi, pour se mettre en appétit.

Et moi, qui ne joue de rien, quelquefois je chantonne, je sifflote.

Mon chapeau

C’était un beau petit chapeau de brousse, couleur sable. Un chapeau mou, en toile, avec un nœud à la jugulaire. On pouvait en relever les rabats pour les fixer sur les côtés grâce à deux boutons-pressions prévus à cet effet. Son ombre me couvrait largement tout le visage et la nuque. On avait partagé de bons moments sous le soleil. Je m’y étais attaché.

C’était en Méditerranée, au mouillage, sur le voilier de mon vieil ami, au mois de mai. On venait de jeter l’ancre par une mer d’huile – dix mètres de fond, trente mètres de chaîne. Parfaitement immobiles sous le soleil de midi, on mangeait, sur le pont, des lentilles dans des assiettes en carton. On buvait du vin rouge sang. On ne parlait pas. On se saoulait du clapotis des vaguelettes contre la coque. Au loin, un cargo chinois glissait lentement vers le port.

Et puis c'est arrivé. Il a suffi d'un coup de vent, un seul. Et mon chapeau est passé par-dessus bord. Je n'ai pas perdu une seconde, j'ai bondi pour attraper une gaffe, mais le temps de revenir à l'arrière, et déjà hors d'atteinte, gorgé d'eau, il sombrait lentement, telle une méduse qui regagne les profondeurs. Alors je suis resté planté là, hébété, ma gaffe à la main, à le regarder s'enfoncer dans l'eau, et sembler se dissoudre, et peu à peu, de chapeau, se transformer en souvenir de chapeau.

J'ai peut-être l'air d'en faire tout un plat, comme ça, et on pourrait me dire qu'il y a des choses plus graves qu'un chapeau à la mer, qu'il faut un peu garder le sens des réalités. On pourrait me rétorquer que je l'ai bien cherché après tout, que cela tient de la provocation de porter, en bateau, un chapeau de brousse plutôt qu'une casquette de marin, et d'avoir été trop fier, en plus, pour me passer la jugulaire sous le menton. Je le reconnais, j'en conviens, mais cela ne me console pas pour autant. Car ce n'était pas rien de voir mon chapeau sombrer ainsi sous mes yeux. Ce n'était pas comme ces chaussettes que j'avais perdues dans l'océan quelques années auparavant, emportées par une vague alors qu'elles séchaient sur un rocher. Cette paire de chaussettes, je l'avais remplacée dans l'heure, aussi bien à mes pieds que dans ma tête, par une autre paire, identique en tous points. Mais mon chapeau, lui, même si le temps a passé, je le regrette encore. Et au risque de m'exposer inutilement, d'être frappé d'insolation, je ne me sens toujours pas le cœur à m'enticher d'un chapeau neuf.

Si ce n'avait été que de perdre un chapeau, d'ailleurs, cela ne m'aurait peut-être pas plus touché que la disparition de mes chaussettes. Je n'en aurais sans doute pas fait une telle histoire et personne ne l'aurait su. Mais ce n'était pas juste mon chapeau qui coulait, car au moment où je me tenais sur le pont, la gaffe à la main, impuissant et résigné, à le regarder s'enfoncer, au moment où cette vision me devenait presque insoutenable, je me suis tourné vers mon ami pour le prendre à témoin. Et à ses yeux écarquillés, j'ai compris qu'il m'avait vu, lui aussi, tout entier, sous mon chapeau qui sombrait.

43° 22′ 8″ nord, 4° 53′ 6″ est. C'est là qu'il gît, précisément, par dix mètres de fond. Et un peu de moi, aussi, sous ce chapeau de brousse. On ne l'inscrira pas sur les cartes, je le sais bien, je n'en demande pas tant. Simplement, je l'ai noté, et je le dis, pour qui veut bien s'en émouvoir un peu.

Corps et âmes

« Qu'est-ce que ça veut dire : voir la vie en rose ? » m'a-t-il demandé en déboulant dans la pièce où je me trouvais.

J'avais à peine commencé à le lui expliquer qu'il m'a interrompu pour me dire que Dark Vador ne voyait pas la vie en rose, lui. « Parce qu'il est du côté obscur », a-t-il ajouté. C'était un bon exemple. Je n'ai eu qu'à acquiescer.

Il ne le connaissait pourtant encore que de réputation, aux bruits qui couraient à son sujet, à travers les récits de ses combats, de ses batailles que certains faisaient pendant les récréations. Avec les quelques images qu'il avait pu en voir, cela lui avait suffi à se faire une idée du personnage.

Il m'en parlait beaucoup, me questionnait souvent à son sujet, et semblait éprouver à son égard un sentiment partagé, de fascination et de compassion. Et pourquoi cette voix caverneuse ? Cette respiration difficile ? Pourquoi ce casque ? Était-ce vraiment un casque, d'ailleurs, ou son vrai visage ? Le retirait-il de temps en temps ? Ou comment s'y prenait-il, sinon, pour s'alimenter ? – si toutefois il avait besoin de s'alimenter. J'osai émettre l'hypothèse qu'il se servait peut-être d'une paille. Mais je sentis bien, alors, qu'on ne pouvait pas rire de tout.

Malgré sa santé fragile, l'homme en noir conservait pourtant tout son prestige à ses yeux. Vêtu tout comme lui d'une longue cape, il arpentait le couloir à grands pas, sa main posée sur sa bouche pour mieux imiter sa voix d'outre-tombe et sa respiration bruyante.

Les yeux brillants, il me montrait de quelle manière il réprimandait ses subalternes en les soulevant à bout de bras, pour les étrangler d'une seule main. Puis il me défiait d'un sabre laser imaginaire, me précisant bien que celui de Vador était rouge, ce qui n'était pas un détail. « Pourquoi il est rouge, d'ailleurs, me demandait-il, dans la foulée, et pas bleu ou vert, comme les autres sabres laser ? » Je n'en savais pas plus que lui. Je me contentais de hausser les épaules. Sabres laser de rêveurs, pensais-je, que ceux qui ont la couleur des cieux ou des prairies.

De tous les belliqueux qu'il admirait, le Seigneur Vador était sans conteste, à ses yeux, de loin le plus méchant et le plus fort. Au cours d'une conversation que nous avions eue à ce sujet, je tentai de le tirer de son aveuglement en arguant que les pirates, par exemple, étaient vraiment des gens terribles, eux aussi, et n'avaient rien à envier à Vador, me semblait-il. Et je me lançai dans une plaidoirie pour la défense des dents gâtées, des parfums de sueur et de soufre, de la poudre noire et des lames en acier trempé. Il y resta pourtant indifférent et m'affirma que si Vador était bien supérieur aux pirates, ainsi qu'aux chevaliers, soit dit en passant, cela était dû à son sabre laser qui « tranche plus ». Je lui rétorquai qu'un bon vieux sabre d'abordage était bien suffisamment affûté pour couper quelques têtes. Mais il précisa encore sa pensée en me disant que les sabres laser « tuent plus », et « plus longtemps », et « mieux » que les épées ou les sabres de métal.

J'ai souri et lui ai demandé ce qu'il entendait, au juste, par « tuer plus », « mieux », ou « plus longtemps » ? Alors, comme si j'avais été le seul à l'ignorer, mais très posément, il s'est mis à m'expliquer que la différence tenait au fait que les sabres laser, par rapport aux armes ordinaires, tuaient non seulement le corps, mais l'esprit également. Quoi de plus effrayant ? ai-je pensé. Et tandis que mes pirates sombraient, au large, j'ai capitulé moi aussi.

Je pensais qu'on en resterait là, qu'il allait quitter la pièce, triomphant, lorsqu'il a soudain changé de ton pour me demander si on sentait quelque chose quand on était mort. « Non, bien sûr que non, lui ai-je répondu. On ne sent rien du tout. » Puis il m'a demandé encore si on allait nous enterrer, un jour, nous aussi. J'ai haussé les épaules. « Sans doute », j'ai fait, d'un air désolé. « Mais pas la tête, quand même ! » s'est-il inquiété soudain.

Et malgré ma poitrine qui se serrait, j'ai pensé que c'était le cimetière le plus gai qu'il m'ait été donné de voir, avec ses rangées de tombes desquelles on avait bien pris soin de faire dépasser les têtes des défunts, qui garderaient ainsi à jamais le teint frais, grâce à la rosée du petit matin.

La Lettre

Que j'explique... C'est un peu compliqué, et si l'on ne suit pas dès le début, c'est fichu, autant passer à autre chose. Un ou deux croquis, quelques schémas détaillés seraient sûrement des plus utiles ici, mais je crains que cela ne soit pas vraiment bien vu dans le métier et je me plierai donc aux usages qui veulent que l'on fasse avec des mots. Cela étant dit, une fois de plus, allons-y.

Les boîtes aux lettres de mon immeuble se situent à l'extérieur, devant la porte d'entrée. Combien y en a-t-il? Je ne suis pas devant pour les compter, mais le calcul est facile. Mon immeuble a quatre étages. Il y a cinq appartements par étage, hormis au rez-de-chaussée où il n'y en a que quatre, ce qui fait en tout dix-neuf appartements, soit dix-neuf boîtes aux lettres. N'oublions pas la grande boîte aux lettres commune, destinée aux plis volumineux ou aux paquets, et le total est fait : il y a donc, en tout et pour tout, vingt boîtes aux lettres.

L'ensemble de ces boîtes forme un bloc encastré dans le mur. Sous la fente destinée à y introduire le courrier, chacune d'entre elles est pourvue d'une petite porte en aluminium équipée d'une serrure, dont l'ouverture se fait du bas vers le haut. Sur chacune de ces portes, dans une encoche prévue à cet effet, figurent les noms des habitants de l'immeuble qui, pour certains, ont fait graver le leur sur de petites plaques noires en lettres blanches, pour d'autres en lettres noires sur fond blanc, ou fond doré, ou bleu, c'est selon, tandis que d'autres encore l'ont simplement griffonné sur une étiquette, ou à même le métal, à l'aide d'un feutre indélébile, le tout formant un ensemble des plus inesthétiques, et dénué du moindre intérêt, qui ne mériterait pas qu'on y consacre une seule ligne, si ce n'est qu'il faut bien planter le décor, ce qui est fait.

Une dernière chose. Il faut savoir que derrière ces petites portes en métal, les cases en elles-mêmes sont construites en bois, et que le fond de ces cases, propre à chaque boîte, n'est en fait qu'un simple rectangle de contreplaqué, agrafé ou peut-être juste collé derrière la boîte. Le tout, je le répète, encastré dans le mur. Cette fois, tout est dit.

Parmi ces vingt boîtes aux lettres, il y a la mienne. Celle-ci étant trop basse pour que je puisse y jeter un œil sans avoir à me plier en deux, j'ai pour habitude, après l'avoir ouverte, d'y glisser la main. C'est donc au toucher que je sais d'abord si j'ai reçu du courrier ou non. J'ai beau savoir à quelle heure passe le facteur, même si celui-ci a déjà fait sa tournée, si je sors de mon immeuble ou que j'y entre, quelle que soit l'heure de la journée ou de la nuit, en passant devant ma boîte aux lettres, je ne peux pas m'empêcher de l'ouvrir et d'y glisser la main.

Ce n'est pas que je ne suis jamais satisfait du courrier que je reçois, mais je crois que j'ai toujours l'espoir qu'un jour ou l'autre arrivera La Lettre. Qui me l'enverrait ? Je ne sais pas. Pour me parler de quoi ? Je ne sais pas non plus, puisqu'à ce jour je ne l'ai pas reçue, mais ce serait une lettre qui surpasserait de loin les autres. Une lettre comme on ne peut en recevoir qu'une seule au cours de sa vie.

C'est ainsi, qu'un soir, en rentrant chez moi, j'ouvre ma boîte et j'y passe la main, comme j'en ai l'habitude. Je n'avais apparemment pas de courrier, ce que j'avais d'ailleurs déjà eu l'occasion de vérifier ce jour-là, et agacé peut-être par le fait de ne pas en avoir reçu la veille non plus, j'ai pris soin de m'assurer qu'une lettre ne s'était pas collée contre le fond de la boîte. Mais j'ai eu beau allonger mon bras, je n'ai pas senti le bout de mes doigts buter contre le fond, et, plus inquiétant encore, la moitié de ma main se retrouvait, toute proportion gardée, comme au-dessus d'un précipice.

J'ai retiré mon bras et me suis agenouillé afin de confirmer de visu ce que je pressentais. Le fond de ma boîte avait bel et bien disparu, et j'ai découvert qu'il y avait derrière celle-ci une cavité d'une vingtaine de centimètres au moins jusqu'au mur, qui descendait probablement jusqu'au niveau du sol, sur une hauteur d'un bon mètre.

Depuis combien de temps en était-il ainsi ? me suis-je demandé, inquiet. Combien de lettres avaient déjà traversé ma boîte pour tomber dans cet abîme ? Et parmi toutes celles entassées au fond du gouffre, depuis des semaines, peut-être des mois, qui sait s'il n'y avait pas La Lettre ?

Je suis monté chez moi pour y chercher un miroir de poche et suis redescendu aussitôt. J'ai introduit le miroir dans ma boîte, au bout de mon bras tendu, et selon le principe élémentaire du périscope, en l'inclinant légèrement vers le sol, à l'aplomb de la cavité, j'espérais pouvoir en inspecter le fond. Mais j'ai eu beau l'orienter de toutes les façons, je n'y ai pas vu plus qu'on ne voit en se penchant au-dessus d'un puits.

Je suis remonté afin de me munir d'une lampe de poche qui me permettrait d'y voir plus clair. Je n'ai pris que le temps de boire un verre d'eau parce que j'avais la gorge sèche et je suis redescendu.

À genoux devant ma boîte aux lettres, j'y ai enfoncé mon bras droit, au bout duquel je tenais le miroir juste au-dessus de la cavité. Je l'ai orienté correctement, tandis que de ma lampe de poche que je tenais dans l'autre main, bêtement, je me suis mis à éclairer le miroir. Mais cela ne m'a été d'aucune utilité, et j'ai compris que je m'y prenais mal. J'ai donc plongé mon bras gauche également au travers de la boîte, pour diriger cette fois le faisceau de la lampe vers le sol. En jouant légèrement sur l'inclinaison du miroir, j'ai pu voir très nettement qu'il y avait trois lettres, au fond du trou, ainsi qu'un certain nombre de prospectus entassés, et la petite plaque de contreplaqué qui servait de fond à ma boîte. Probablement, ai-je pensé, s'était-elle décollée sous l'effet des chocs répétés du courrier que le facteur envoyait peut-être d'un geste du poignet trop énergique.

Mais pour l'heure, ce sont ces lettres qui m'intéressaient. Grâce à mon miroir, j'ai pu les examiner attentivement. Pour deux d'entre elles, dont j'ai pu identifier les expéditeurs, j'en ai conclu qu'elles ne présentaient que peu d'intérêt. S'il n'y avait eu que ces deux lettres, je les aurais d'ailleurs considérées comme perdues et me serais occupé de réparer ma boîte en y fixant un nouveau fond. Cependant, si je ne l'ai pas fait, c'est à cause de la troisième lettre qui m'intriguait. Le papier de l'enveloppe semblait de belle qualité. On avait pris la peine d'y coller un timbre de collection. L'adresse était manuscrite, d'une belle écriture ronde qui m'était inconnue. C'était une lettre qui méritait mieux que de finir emmurée à tout jamais. Peut-être même était-ce La Lettre, qui sait ? Je n'allais pas l'abandonner. J'avais la nuit pour y penser.

J'ai mal dormi, mais ce ne fut pas en vain, car après avoir imaginé toutes sortes de procédés pour extraire la lettre de son trou, et passé en revue, dans mon esprit, tous les outils, les instruments qui pourraient m'être utiles pour ce faire, au matin j'avais la solution.

Je me suis levé de bonne heure afin d'avoir tout le temps d'agir avant la tournée du facteur, et c'est équipé de mon petit miroir, de ma lampe de poche, et de mon aspirateur, que je suis descendu aux boîtes aux lettres, pour ce qui s'annonçait comme la première opération de sauvetage de courrier de tous les temps. Ce n'était peut-être pas le cas, mais cela me motivait de le penser.

J'ai branché l'aspirateur dans le hall et déroulé suffisamment de câble pour le transporter à l'extérieur, jusque devant les boîtes aux lettres. Au bout du tuyau souple, j'ai emboîté la tête adéquate, la plus petite, en forme de « T », puis j'ai mis l'aspirateur en marche. J'ai réglé la puissance au maximum et collé la paume de ma main contre l'entrée d'air de la tête, afin de m'assurer que tout fonctionnerait comme je l'avais prévu.

J'ai ouvert ma boîte pour y enfoncer mes bras jusqu'aux coudes. Dans ma main droite écartelée, je tenais à la fois le miroir et le tuyau de l'aspirateur, tandis que de l'autre, je tentais d'éclairer le fond du trou avec ma lampe de poche. Mais je manquais d'habileté et me suis rendu compte que je ne parviendrais à rien de bon de la sorte. J'ai alors pris le miroir dans ma main gauche, ainsi que ma lampe de poche, tandis que de la droite, j'essayais de manipuler le tuyau.

Mais ce n'était pas beaucoup plus commode de cette façon, et je risquais de faire tomber ma lampe ou mon miroir au fond du trou. Je me suis donc résolu à m'en passer. J'avais, me semblait-il, tout autant de chances d'y parvenir en agissant au jugé. Il me suffirait finalement de descendre le tuyau bien à l'aplomb de la lettre, jusqu'à ce que celui-ci l'atteigne et qu'elle finisse par s'y coller. Au son caractéristique que produirait, à cet instant, le moteur de l'aspirateur lorsque l'air ne pénétrerait plus dans l'appareil, je saurais qu'il faudrait remonter le tuyau, au bout duquel je n'aurais plus qu'à cueillir ma lettre.

C'est donc ainsi que je m'y suis pris. J'ai repéré l'endroit où se trouvait la lettre avec le plus de précision possible, j'ai fait descendre le tuyau de l'aspirateur derrière la boîte, jusqu'à ce que celui-ci parvienne au fond de la cavité. Je l'ai déplacé de quelques centimètres sur la gauche, puis sur la droite, l'ai remonté, l'ai redescendu, sans que rien de ce que j'avais prévu ne se produise. Mais au bout de quelques minutes de tentatives infructueuses, soudain, le moteur de l'aspirateur a changé de régime, ce qui signifiait qu'au bout du tuyau quelque chose avait été aspiré contre la tête. Tout doucement, alors, j'ai remonté le tuyau jusqu'au niveau de ma boîte, pour constater, amer, que ce que je venais de pêcher n'était que l'un de ces prospectus publicitaires.

Si j'ai d'abord été déçu, dans un second temps cela m'a encouragé à poursuivre, car cela signifiait au moins que le procédé que j'avais imaginé fonctionnait, et qu'il me permettrait sûrement, à force de patience, de parvenir à mes fins. J'ai donc persévéré encore et, à plusieurs reprises, par la suite, il m'a semblé qu'une lettre se collait au bout du tuyau, mais sans doute ai-je fait preuve de trop d'empressement, car chaque fois que j'ai tenté de la remonter, celle-ci accrochait les parois de la cavité et finissait par retomber au fond.

C'est au moment où j'étais enfin sur le point d'y parvenir, je le sentais, au moment où il me fallait être le plus concentré que j'ai dû m'interrompre, à cause de mes voisins du dessus qui sortaient de l'immeuble et qui m'ont regardé avec de grands yeux écarquillés, me découvrant ainsi affairé au fin fond de ma boîte, dont ils ne soupçonnaient sûrement pas la profondeur.

J'ai éteint l'aspirateur pour leur donner les quelques explications qu'ils n'osaient pas réclamer. Sur le ton de la plaisanterie, je leur ai dit qu'en dépit des apparences je n'étais pas en train de passer l'aspirateur dans ma boîte aux lettres. En deux mots, j'ai tenté de leur expliquer ce qu'il en était, je leur ai dit que le fond de ma boîte était tombé, et qu'à cette occasion j'avais découvert, stupéfait, l'existence d'une cavité, juste derrière, dans laquelle plusieurs de mes lettres se retrouvaient. Mais qui n'a pas vu de ses yeux de quoi il retourne peut difficilement comprendre. C'est pourquoi, j'en suis sûr, ils n'ont rien compris à ce que j'étais en train de faire. Ils ont fait comme si. Ils ont esquissé un sourire poli et se sont éloignés. Eux qui déjà semblaient me trouver bizarre auparavant, qu'allaient-ils penser de moi désormais ?

J'ai rallumé l'aspirateur et me suis replongé dans ma boîte. J'ai redoublé d'efforts et, au bout de quelques longues minutes, enfin, j'ai pu extraire une lettre du gouffre. Mais ce n'était pas celle que je convoitais. Et comme je l'avais pressenti, celle-ci n'avait pas le moindre intérêt.

J'ai éteint l'aspirateur, un peu découragé. J'ai posé le tuyau juste à côté et me suis relevé en soupirant. Je me suis étiré longuement, puis j'ai ramassé mon miroir et ma lampe de poche pour jeter un œil au fond du trou et comprendre pourquoi cette lettre me résistait.

En voyant qu'elle avait bougé, tout s'est éclairci. Alors qu'elle était précédemment en appui contre l'une des parois de la cavité, sûrement déplacée par la tête de l'aspirateur, elle se retrouvait maintenant à plat sur le sol. Autant dire que je n'avais plus aucune chance de la sortir de là grâce à mon aspirateur. Et pourquoi cela ? me demanderaient peut-être ceux qui, jusqu'ici, ont eu la patience de me suivre. Eh bien, leur répondrais-je, parce que la tête de l'aspirateur comportait une entrée d'air perpendiculaire à l'axe du tuyau, ce qui ne permettait pas que la lettre, qui reposait désormais à l'horizontale, s'y colle. Pourquoi ne pas retirer la tête et me servir uniquement du bout du tuyau alors ? Tout simplement parce qu'il m'était impossible, étant donné la courbure naturelle du tuyau, son manque de rigidité, et pour mille autres raisons, de le présenter parfaitement à l'horizontale au-dessus de la lettre. Mais n'allons pas plus avant dans des considérations techniques. Si je dis que c'était impossible, c'est que c'était impossible.

Je n'ai pas renoncé pour autant. Il fallait simplement que je m'y prenne autrement. Comme je n'allais pas m'y atteler tout de suite, sachant que j'avais tout de même autre chose à faire que de passer ma journée la tête dans ma boîte aux lettres, je devais en obstruer le fond afin qu'après le passage du facteur, d'ici une petite heure, il n'y ait pas une ou deux lettres supplémentaires au fond du trou. Je m'en suis chargé à l'aide d'un bout de carton grossièrement découpé, et de quelques morceaux de ruban adhésif. Et cela m'a tranquillisé.

Si j'ai fait ce que j'avais à faire le restant de la journée, je n'étais pas pour autant à ce que je faisais. Cette lettre m'obsédait. Et le soir venu, je n'avais toujours pas trouvé le moyen de l'extraire de la cavité.

La seconde nuit a été encore plus tourmentée que la précédente. Je rêvais d'une pelle mécanique, de quelques bâtons de dynamite, de solutions radicales, lorsque, à l'aube, soudain, tout m'est apparu avec évidence et limpidité.

J'ai bondi hors du lit. Il fallait sur-le-champ que je retrouve ma massette ou, à défaut, n'importe quel marteau suffisamment lourd. Il me fallait aussi deux bons mètres de bonne ficelle, et de la colle, une petite boîte en carton, ainsi que mon miroir, évidemment, et ma lampe de poche.

J'ai trouvé cela sans trop de mal. J'ai tout rassemblé et suis descendu les bras chargés de mon matériel, un peu plus tôt que la veille, encore, ce qui m'éviterait peut-être, cette fois, de croiser mes voisins.

Face à ma boîte aux lettres, j'ai commencé par en retirer ce morceau de carton qui m'avait servi à en boucher le fond. Puis à l'aide de mon miroir et de ma lampe de poche, j'ai inspecté la cavité pour me remémorer la position exacte de la lettre.

Je me suis alors saisi de mon bout de ficelle, dont j'ai solidement noué une extrémité au manche de la massette, afin de pouvoir la descendre, tel un fil à plomb, au fond de la cavité. Pour éprouver la solidité du dispositif, j'ai soulevé la massette et l'ai balancée devant moi, au bout de la ficelle, durant quelques secondes. Si celle-ci serait suffisamment résistante pour supporter la massette, je craignais cependant que, sous le poids de l'outil, le nœud se mette à glisser autour du manche verni, si bien que je risquais de perdre ma massette au fond du trou, par-dessus la lettre qui plus est, ce qui aurait mis un terme à tout espoir de la récupérer un jour.

Comme je ne tenais pas à courir ce risque, je suis donc remonté chez moi avec ma massette à la main et mon bout de ficelle dans la poche. Tout le reste, je l'ai enfermé dans ma boîte aux lettres.

Cela ne me prendrait que quelques secondes. Lorsque j'ai eu mis la main sur ma perceuse et sur le foret adéquat, j'ai percé un trou en travers du manche de la massette, puis j'y ai passé une extrémité de la ficelle, avant de faire un nœud dont j'étais sûr qu'il ne se déroberait pas. J'ai tiré sur la ficelle, avec force, plusieurs fois, et satisfait de mon nœud, je suis redescendu. Un peu de courage, on y est presque.

Après avoir récupéré le reste de mon matériel dans la boîte aux lettres, j'ai glissé ma massette dans la petite boîte en carton, qu'on aurait dit faite sur mesure, de telle sorte que la tête de la massette venait se coincer au fond de la boîte, ce qui rendait l'outil et son contenant tout à fait solidaires. Oui, mais pourquoi glisser cette massette dans une boîte en carton ? serait-on en droit de me demander. Eh bien, tout simplement parce que si j'avais étalé de la colle directement sur la tête de la massette, jamais la lettre n'aurait adhéré au métal, tandis que contre cette petite boîte en carton, lestée par le poids de la massette, l'adhérence serait parfaite. Je m'étonnais moi-même de tant d'ingéniosité.

J'ai sorti mon tube de colle de ma poche pour en appliquer une bonne couche sous la petite boîte en carton, dans laquelle il y avait la massette, au bout de laquelle il y avait la ficelle — cela ne pourrait pas être plus clair. J'ai ensuite fait passer l'ensemble du dispositif à travers ma boîte aux lettres et, de l'autre côté, l'ai laissé descendre lentement dans la cavité, en lâchant petit à petit de la ficelle jusqu'à ce que la boîte encollée vienne se poser sur la lettre. Exactement dessus, je me suis empressé de le vérifier avec mon petit miroir et ma lampe de poche.

Il me fallait à présent faire preuve de patience, le temps que mettrait la colle pour sécher. Pour ne pas laisser échapper, surtout, le bout de la ficelle qui me reliait maintenant à la lettre, j'avais pris soin de l'enrouler autour de ma main. Je me suis assis sur le sol et j'ai attendu un moment. Au bout de quelques minutes, je me suis lassé et me suis dit que je n'allais pas rester là pendant je ne sais combien de temps, bêtement accroché à cette ficelle. Quoi qu'en pensent peut-être certains, je ne pouvais pas me permettre de perdre la journée entière à pêcher des lettres. J'ai donc déroulé la ficelle de ma main et, avec un morceau de ruban adhésif, je l'ai collée à l'intérieur de ma boîte aux lettres, pour être sûr qu'elle ne finirait pas au fond du trou. Puis je l'ai refermée, j'ai ramassé mes petites affaires, et je suis remonté.

Par précaution, j'ai laissé sécher la colle bien plus longtemps que ce qui était préconisé sur le tube, et c'est deux heures plus tard, seulement, que je suis redescendu.

J'ai ouvert ma boîte aux lettres, j'ai pris la ficelle entre mes mains, et avec d'infinies précautions, j'ai tiré dessus pour remonter la massette dans sa petite boîte en carton, et collée sous la boîte, la lettre enfin arrachée aux ténèbres est apparue.

Je me serais bien sauté au cou, me serais volontiers mis à danser, mais à la vue de mes voisins qui sortaient de l'immeuble au même moment, je me suis contenu. Ils ne m'ont rien demandé, mais je n'ai pas pu m'empêcher de leur dire, plein d'enthousiasme, que ça y était, que j'avais réussi, que j'avais fini par la récupérer, cette lettre. Je la leur ai même agitée sous le nez. Ils ont gentiment hoché la tête, fait mine de s'en étonner, mais ne m'ont posé aucune question. Savaient-ils au moins de quoi je leur parlais au juste ? Ils m'ont souhaité une bonne journée et se sont éloignés.

J'ai regardé ma lettre. Cette écriture ronde, le beau papier de l'enveloppe, ce timbre joliment choisi. Je brûlais d'impatience de l'ouvrir. Je me suis d'abord empressé de remettre en place ce morceau de carton qui servait provisoirement de fond à ma boîte, et je suis remonté chez moi.

Fine équipe

De cet homme qui marchait juste devant moi, sur le trottoir, je ne sais rien, si ce n'est qu'il était « contre le monde », et qu'il tenait à le faire savoir puisqu'il se l'était joliment fait tatouer dans la nuque, en anglais, ou presque : « *Angainst the World* ». Et j'en ai déduit par moi-même qu'il fallait lire « Against » et ne pas tenir compte de ce *n* qui s'était glissé là par erreur, et pour toujours, maintenant.

Moi je n'ai rien contre ceux qui sont contre le monde. C'est même un sentiment que je comprends fort bien, souvent, d'autant qu'il avait sûrement de bonnes raisons d'être en colère. Mais sans préjuger de rien, à lui tout seul, je me demande s'il faisait le poids contre le monde entier, d'autant qu'il n'était pas bien grand, pas bien épais non plus.

M'est alors revenu en mémoire cet autre rebelle, à qui j'avais eu affaire il y a plus de vingt ans. Il emballait, lui, des petits pains dans des cartons. Il les emballait d'ailleurs tellement bien et tellement rapidement qu'on lui avait confié la responsabilité d'une petite équipe d'emballeurs de petits pains qu'il se faisait une joie de diriger.

De son visage et de sa voix, je n'ai aucun souvenir, mais son bras sur lequel était tatoué « Ni Dieu ni Mîatre », je ne l'ai pas oublié. Et il fallait bien sûr lire « Ni Dieu ni Maître » et ne pas tenir compte de ces deux lettres interverties par erreur.

C'était étonnant, soit dit en passant, ces mots inscrits sur sa peau, lui qui savait pourtant si bien user d'autorité pour faire marcher au pas sa petite équipe d'emballeurs de petits pains.

Se pourrait-il, me suis-je demandé, que par le plus grand des hasards, ces deux hommes, croisés à plus de vingt ans d'intervalle, aient été victimes du même tatoueur dyslexique ? Se pourrait-il, même, qu'ils se connaissent fort bien et que, dans l'arrière-boutique du tatoueur, tous les trois aient régulièrement quelque réunion clandestine afin de préparer leur grand soir ?

Et il m'a plu, un instant encore, de les imaginer marchant ensemble d'un pas assuré, et bien déterminés à en découdre. « Ni Dieu ni Miatre » en porte-étendard, suivi d'« *Angainst the World* » et de leur brillant tatoueur.

Nul doute qu'on allait pouvoir compter sur eux pour semer la pagaille, et qu'à eux trois ils feraient une solide équipe pour tout foutre en l'air. Je n'allais pas manquer ça. Je leur ai emboîté le pas.

Conte de Noël

C'est elle qui m'a raconté ce qui est arrivé à Casimir Lentz, le soir de Noël. C'est de monsieur Lentz lui-même qu'elle le tenait. Non pas qu'il se soit plaint, ça non. Monsieur Lentz n'est pas homme à se plaindre, ni à faire des histoires. Il faut dire qu'il en a avalé tellement, des couleuvres, au cours de son existence, et des anacondas, aussi, qu'un serpent de plus ou de moins, pour lui, quelle différence? Lorsqu'elle l'a reçu, il n'a d'abord rien voulu laisser paraître de sa blessure. Il a fallu lui tirer les vers du nez. Il lui a répété de ne pas s'en faire, que ce n'était pas bien grave, qu'il avait déjà tout oublié. Mais comme elle persévérait, comme elle sait y faire pour recueillir les confidences, au bout d'un moment, il a fini par baisser la garde, puis lui a tout raconté. Il a pleuré. Il s'est senti mieux, après.

Il neigeait, ce soir-là, une fois de plus, lorsque Casimir Lentz est sorti de chez lui, son bonnet brodé d'anneaux olympiques bien enfoncé sur sa tête.

Ses gants de laine, en revanche, il ne les avait pas retrouvés, et à peine au-dehors, il a compris combien ils allaient lui manquer.

Comme on s'était lassé de déneiger les trottoirs depuis bien longtemps déjà, il n'avait fait que quelques pas lorsqu'il a glissé et s'est étalé sur le sol, ce qui ne prête pas à rire lorsque l'on sait combien Casimir Lentz est fragile. Il s'est relevé sans trop de mal, heureusement, et a poursuivi avec prudence.

Un peu plus loin, il s'est s'arrêté pour passer son index dans ses souliers afin d'en retirer la neige qui y pénétrait. Nul doute que s'il en avait possédé une autre paire, plus adaptée à la saison, il aurait songé à faire demi-tour pour en changer. Mais la question ne s'est pas posée. Deux ou trois fois encore, avant de tourner au coin de la rue, il a dû recommencer la même opération, avant d'y renoncer, de peur de se mettre en retard.

En abordant l'avenue, il a regardé sa montre et s'est dit qu'il devait se hâter, autant que possible. Ce soir-là, Casimir Lentz s'en allait passer Noël au foyer.

C'est au Centre qu'il gagne sa vie depuis toujours. Il y a exercé tous les métiers. Aux espaces verts, il a tondu, taillé, débroussaillé, manipulé toutes sortes de machines redoutables jusqu'au jour où, au pied d'une haie de laurier, n'y croyant pas ses yeux, il trouve deux doigts ensanglantés, sans même, sur le coup, se rendre compte que c'est à sa propre main qu'ils manquaient. Fin des années au grand air.

Casimir Lentz est réaffecté à la menuiserie où l'on prend bien soin de le tenir à l'écart de la scie circulaire. Il agrafe des palettes et des caisses à longueur de journée, en y mettant à chaque fois le meilleur de lui-même. Mais au bout de quelques années, quelques dizaines ou centaines de milliers de caisses et de palettes, et tout autant d'échardes, sa motivation peu à peu s'émousse. Monsieur Lentz est malade et ses crises se font plus fréquentes. Lorsqu'elles surviennent, il tombe et perd connaissance, se raidit, se met à trembler, puis lentement, enfin, revient à lui, en ne se souvenant parfois de rien.

On décide de le ménager. On songe à le changer d'atelier. On pense que son expérience de la caisse pourrait sûrement lui être utile au façonnage des cartons. Monsieur Lentz se laisse convaincre et intègre les effectifs de la cartonnerie. Mais l'ambiance y est morose. Il regrette les parfums de sciure et de sève, ses collègues de la menuiserie. Sa santé ne s'arrange pas. Son moral non plus. Il n'y passe qu'une petite année.

On se dit alors que la lessive et l'amidon lui redonneront peut-être un peu d'allant. Il débute à la blanchisserie où l'on nettoie le linge des hôtels, les nappes des restaurants, le linge et les nappes des hôtels-restaurants. C'est assez bien senti, car monsieur Lentz ne se déplaît pas en compagnie des dames qui l'entourent. Il retrouve même le goût de la plaisanterie. On l'apprécie, on rit de bon cœur de la seule blague qu'il connaisse. On ne s'en lasse pas, lui non plus, chaque jour on la lui réclame, et chaque jour on rit de plus belle.

Sans dire que monsieur Lentz est bien, là-bas, il n'est tout de même pas trop mal. Mais cela ne dure qu'un temps. Les hôtels alentour ferment les uns après les autres. On blanchit de moins en moins, de plus en plus on se tourne les pouces, si bien qu'un jour Casimir Lentz repasse une dernière taie d'oreiller, verse une larme, et la blanchisserie ferme ses portes.

On l'affecte à l'atelier fer, le seul endroit au Centre où il n'ait pas encore travaillé et, par la force des choses, c'est là qu'il se pose. Il y est chargé d'ébavurer à la lime une petite pièce cylindrique fendue dans sa longueur d'un côté et percée de trois trous filetés de l'autre. Il aimerait bien comprendre à quoi cela peut servir, précisément, et où s'en vont les camions qui viennent chercher ces petits cylindres par caisses entières. « C'est pour l'industrie ferroviaire », lui a-t-on expliqué. C'est-à-dire les trains. Et c'est parce que les trains doivent toujours être à l'heure qu'il doit bien s'appliquer.

Toujours très occupé, Casimir Lentz n'a sans doute pas vu le temps passer, et voilà déjà qu'un beau matin il a cinquante ans. Pour l'occasion, à l'atelier, il offre un verre à quelques collègues. Sur un coin de l'établi, on lui pose un gâteau d'anniversaire sous le nez, on le lui souhaite en chantant à peu près comme il faut, et aussi fort qu'il peut, il souffle ses bougies – et de la limaille dans les yeux de Tony Schleck qui pousse de hauts cris, s'emporte, et gâche un peu la fête. On se remet plus vite que prévu au travail.

Avec l'âge, sa santé ne s'arrange pas. Presque chaque jour, maintenant, il tombe et se raidit et se met à trembler, si bien qu'on l'autorise à effectuer sa tâche assis. Ainsi, lorsqu'il perd connaissance, il s'affaisse d'abord sur sa chaise, ce qui permet que l'on vienne le soutenir avant qu'il ne tombe. Au pire, si cela lui prend sans que personne ne s'en aperçoive, il tombe de moins haut.

À la fin de la journée, monsieur Lentz passe un coup de balai par terre, puis la balayette sur l'établi, avant de repasser le balai sur le sol pour ramasser la poussière et la limaille qu'il a fait tomber en passant la balayette sur l'établi. On a eu beau lui conseiller mille fois de commencer par l'établi avant de passer le balai par terre, monsieur Lentz tient à sa propre méthode.

Il se dirige ensuite vers les vestiaires. Il accroche son tablier dans son casier, y prend sa petite sacoche qu'il se met en bandoulière, puis avec ses collègues, se hâte de sortir sur le parking, pour monter dans le bus qui attend déjà.

Durant le trajet, il n'est jamais vraiment tranquille. Il craint de manquer son arrêt, de ne pas pouvoir descendre à temps. Il a peur, au dernier moment, de se prendre les pieds dans le sac de son voisin, que sa sacoche ne s'accroche à l'accoudoir d'un siège. Il redoute que le bus ne s'arrête pas là où il a l'habitude de descendre. Alors bien avant d'être arrivé, et souvent même juste après le départ, il se lève et s'approche du conducteur pour lui demander s'il compte bien s'arrêter au stade, ce qui ne fait pourtant aucun doute, car cela fait presque trente ans qu'il y descend tous les jours de la semaine.

Monsieur Lentz a encore un bout de chemin à faire, à pied, avant d'arriver chez lui. Sur sa route, il y a un passage à niveau dont les barrières se ferment à chaque fois au moment où il s'en approche, c'est dire si sa vie est bien réglée. Il arrive cependant qu'elles se baissent dans son dos juste après qu'il a franchi les voies, ce qui signifie, soit qu'il est un peu en avance, soit que le train est légèrement en retard. Cela se produit de temps en temps sans qu'il en soit perturbé outre mesure. Mais ce qui arrive plus rarement, c'est qu'elles ne se ferment pas. Ni à son approche ni une fois le passage à niveau franchi. Et ces jours-là, lorsque le train est réellement en retard, monsieur Lentz s'inquiète. Car même s'il s'applique à ébavurer bien proprement et du mieux qu'il peut ses petits cylindres de métal, il ne peut pas s'empêcher de se demander si ce n'est pas un peu de sa faute. Alors il s'assoit dans le fossé et attend jusqu'à ce que le train passe.

Peu importe l'heure à laquelle il arrive chez lui, il n'est pas attendu. On s'en serait douté, Casimir Lentz vit seul, c'est ainsi. Je ne sais pas pourquoi, mais le contraire eût été surprenant, et j'aurais eu bien du mal à expliquer qu'il habitait une grande maison, se hâtait d'aller retrouver son épouse, ses enfants et ses chiens. J'aurais eu bien du mal à décrire la fête que lui auraient fait à son retour ses trois têtes blondes, ses deux lévriers afghans. Ce n'est pas de la mauvaise volonté, c'est simplement que les choses sont souvent d'une cohérence affligeante. Et en ce qui concerne Casimir Lentz, en tout cas, une fois de plus, elles vont de soi. Monsieur Lentz vit donc seul dans un petit appartement. Et ce qu'il fait pour s'occuper, une fois rentré chez lui, je n'en ai pas la moindre idée.

Nous savons toutefois où il se rend, ce soir-là, dans la nuit et le froid. Les rues sont désertes. Il en profite pour marcher sur la chaussée dans les traces de pneus des voitures. À chaque carrefour, il doute de son chemin. Fallait-il prendre cette rue ou était-ce la suivante ? Il n'est plus sûr de rien. On a bien pris soin de lui expliquer où se trouvait le foyer, pourtant. On a même repéré le chemin avec lui. Mais c'était en plein jour, avant l'hiver, avant que toutes les rues ne se ressemblent sous la neige.

Aux ombres qu'il aperçoit derrière les fenêtres éclairées, au clignotement des guirlandes, il voit bien qu'ici ou là la fête a déjà commencé. Il regarde une nouvelle fois sa montre, et rien qu'à l'idée d'être celui que l'on attend, celui vers qui tous les regards se tourneront lorsqu'il entrera, sa gorge se noue. Mais il n'a pas d'autre choix que de s'arrêter de temps en temps pour reprendre son souffle. Pour ce qui est du retour, heureusement, on lui a dit qu'il n'aurait pas à s'en faire, qu'il y aurait sûrement quelqu'un pour le raccompagner chez lui.

Casimir Lentz a toujours gagné sa vie au Centre, c'est entendu. Très modestement, c'est un fait, mais suffisamment bien, tout de même, pour qu'il puisse subvenir à ses besoins et vivre à peu près décemment. Cela aurait dû être ainsi, en tout cas. Mais si monsieur Lentz peut aisément comprendre qu'un sou est un sou, il en est tout autrement lorsqu'il s'agit de centaines ou même de milliers de sous qu'il faut sans cesse additionner et soustraire. Comme on redoute qu'il succombe à toutes les tentations, qu'il fasse des dépenses inconsidérées, qu'il oublie de payer l'eau, le gaz et l'électricité, qu'il s'endette, se mette à jouer, qu'on abuse de sa naïveté, qu'on vienne jusqu'à sa porte lui vendre des produits d'entretien par bidons de cent litres, des aspirateurs du futur, des onguents pour soigner tous les maux, pour tout cela donc, il a bien fallu qu'un jour quelqu'un se dévoue pour s'occuper de ses papiers et de l'argent qu'il gagne. Lourde tâche à laquelle se consacrait jusqu'à présent sa sœur, son unique sœur qu'il vient de perdre, tout ce qui lui restait de famille.

Inutile, cependant, de se répandre en condoléances, car la sœur perdue de monsieur Lentz est bien vivante. Tout ce qu'il y a, c'est qu'elle ne veut plus revoir son frère, plus jamais en entendre parler, depuis qu'elle et son mari ont été traînés dans la boue, accusés de le voler et de le maltraiter, même, c'est un comble.

Jamais monsieur Lentz ne s'est plaint de quoi que ce soit, pourtant. Ni de son unique pull jacquard, élimé aux coudes, dans lequel il transpire l'été, grelotte en hiver, ni des boîtes de conserve qu'elle lui achète par lot de dix et dont il se nourrit exclusivement tous les soirs de la semaine, ni de n'avoir jamais un sou en poche, ni de ces crédits pour on ne sait quoi qu'elle lui a fait contracter, ni de tout cela ni du reste, monsieur Lentz ne s'est plaint de rien, on commence à le connaître.

C'est au Centre qu'ils ont été vigilants, qu'ils ont fini par se poser des questions. Ils ont cherché à savoir. « Si tu leur racontes des choses, je te promets que tu vas le regretter », lui a dit sa sœur. « Garde-toi bien de te plaindre ou je te foutrai sur la gueule », lui a recommandé le beau-frère. Et suivant à la lettre les conseils prodigués, comme toujours, Casimir Lentz a dit que tout allait bien. Mais cette fois, personne n'a été dupe, et c'est devant un juge que l'affaire s'est réglée.

Au bout du compte, pour monsieur Lentz, un tuteur au-dessus de tout soupçon a été désigné. Et tout aurait été pour le mieux si sa sœur, évidemment, ne s'en était pas formalisée. « On veut plus jamais revoir ta gueule ! » a-t-elle dit à son frère. « Si un jour, par hasard, tu nous croises dans la rue, je te conseille de changer de trottoir » a ajouté le beau-frère. Ainsi prirent fin les joyeux Noëls en famille.

Voilà toute l'histoire. Voilà pourquoi ce soir, pour la première fois de sa vie, Casimir Lentz s'en va passer Noël au foyer. Bien sûr, ce n'est pas de sa propre initiative qu'il se rend là-bas. Il n'y aurait pas songé lui-même, il n'y aurait sans doute jamais mis les pieds. Il n'en connaissait même pas l'existence. Il serait resté chez lui, se serait couché de bonne heure en attendant le jour suivant, ou le surlendemain, plutôt.

C'est au Centre qu'ils se sont préoccupés de son réveillon, lui ont dit qu'il ne fallait pas qu'il reste seul. C'est eux qui se sont occupés de tout. « Il y aura même des collègues de l'atelier, lui ont-ils dit. Ce sera tout de même plus gai. » Monsieur Lentz s'est laissé convaincre. On sait qu'il n'est pas contrariant.

Bien qu'il n'ait manqué de vigilance à aucun moment, il est tombé une seconde fois. Il s'est relevé en grimaçant, a tâté son épaule endolorie, puis s'est frotté la veste et le pantalon du plat de la main pour en faire tomber la neige qui s'y était collée. Puis il s'est remis en chemin en redoublant de prudence, mais sur le trottoir, cette fois, car si la couche de neige plus épaisse rend sa progression plus pénible, monsieur Lentz a pu observer qu'elle est bien moins glissante que la neige damée des traces de pneus.

C'est alors qu'en portant son regard au loin, au bout de l'avenue, malgré sa mauvaise vue et la neige qui tombait de plus belle, il aperçoit les néons de l'enseigne du supermarché et en éprouve un grand soulagement. C'est là, dans une petite rue, juste derrière, que se trouve le foyer, il s'en souvient.

Il lui faut encore une bonne dizaine de minutes pour y parvenir, mettons un quart d'heure. Il manque de tomber une troisième fois. Il est épuisé et transi, mais de se savoir si prêt du but lui redonne un peu de courage.

Il contourne le supermarché et emprunte la première rue qui se présente à lui, avant de se rendre compte que le foyer ne s'y trouve pas. Il rebrousse chemin, contrarié, s'engage dans la suivante, parallèle à la première, mais sans plus de succès. Il revient sur ses pas, encore, et c'est dans la troisième et dernière rue enfin qu'il tombe sur ce bâtiment moderne qui abrite le foyer.

La joie d'être arrivé à bon port ne dure qu'un instant. Durant les derniers mètres de son parcours, il est saisi de longs pincements au cœur. C'est l'inquiétude qui reprend le dessus et la peur de l'inconnu, et des reproches qu'on ne manquera sûrement pas de lui faire, à cause de son retard. Au moment où il franchira la porte, plus que tout, il craint d'être accueilli par une salve d'applaudissements moqueurs.

Mais il est bien trop tard pour s'en soucier. Casimir Lentz y est, maintenant. Il se reprend, s'arrange un peu, et sonne là où on lui a dit de sonner, là où il est écrit

« sonnez là », ce qu'il parvient à lire sans trop de difficulté.

C'est une jeune femme coiffée d'un bonnet de père Noël qui lui ouvre la porte. Monsieur Lentz ose y voir la promesse d'une soirée pleine de bonne humeur. Il balbutie quelques mots inaudibles en guise d'excuses. Mais loin d'elle de lui reprocher quoi que ce soit. Ni « enfin », ni « c'est pas trop tôt », ni « on a failli attendre », rien de tout cela, aucun mot désagréable ne sort de sa bouche, juste un « bonsoir » intrigué, qui l'invite à lui en dire plus, ce que monsieur Lentz s'empresse de faire. « Je viens pour le réveillon », lui dit-il, tandis que par la porte entrouverte qui donne sur le hall d'entrée, lui parviennent des voix fortes déjà mêlées au tintement des couverts et aux parfums de cuisine. La fête a commencé sans lui, il doit s'y résoudre. Il en éprouve un sentiment ambigu. Tout à la fois le soulagement et la déception de n'avoir pas été attendu.

« Je viens pour le réveillon, dit-il donc, d'une voix peu assurée.

– Ah ? semble-t-elle s'étonner. Et vous êtes ?…

– Casimir Lentz, lui répond monsieur Lentz. Je viens du Centre. C'est eux qui m'ont inscrit. »

Le visage de la jeune femme ne s'illumine pas pour autant. « Vous patientez une minute ? » lui dit-elle, puis elle lui tourne le dos et se dirige vers le réfectoire.

Par la porte qu'elle laisse grande ouverte derrière elle, monsieur Lentz découvre la salle à manger, la longue table autour de laquelle une trentaine de convives, au moins, sont installés. De là où il se tient, il lui est impossible de distinguer les traits des visages, mais à sa carrure et à son rire, du premier coup d'œil, il reconnaît Nuri Mutlu, un collègue de l'atelier dont il apprécie la compagnie. Monsieur Lentz lui fait de grands signes de la main pour attirer son attention, mais en vain, car jamais celui-ci ne porte son regard dans sa direction.

La jeune femme s'est approchée d'un homme, assis à table, coiffé comme elle d'un bonnet rouge. Elle s'est penchée vers lui. Pour l'informer de son arrivée, sans doute, s'est dit monsieur Lentz. Un instant, il les a observés, et a vu l'homme se retourner vers lui à deux reprises. Ce qu'il n'a pas pu voir, en revanche, parce que celui-ci lui tournait le dos, c'est de quelle manière, à certains moments, il fronçait les sourcils tandis que la jeune femme lui parlait. Ce qu'il n'a pas pu remarquer, non plus, parce que son regard à lui s'était porté vers le grand sapin qui occupait tout un coin de la salle, c'est qu'à plusieurs reprises, en réponse à sa collègue, l'homme au bonnet rouge avait secoué la tête.

En admirant le sapin étincelant dont la pointe touchait presque le plafond, il a repensé aux arbrisseaux tordus et déplumés de tous ses Noëls passés chez sa sœur. Et pour la première fois, peut-être, il s'est dit qu'il n'avait pas perdu au change.

En attendant le retour de la jeune femme, il s'est autorisé à franchir la porte pour se mettre au chaud. Sur le paillasson de l'entrée, il a frappé ses pieds pour briser ces bottillons de neige qui lui enveloppaient les souliers jusqu'aux chevilles.

Lorsqu'elle en a eu fini avec l'homme au bonnet rouge, elle est revenue vers lui, un trousseau de clés à la main que lui avait confié son collègue ou qu'elle avait sorti de sa propre poche, cela avait échappé à monsieur Lentz. Comme il était entré de sa propre initiative et qu'elle ne l'y avait pas encore invité, il a préféré faire deux pas en arrière pour l'attendre dehors.

Une fois dans le hall, au lieu de le rejoindre, la jeune femme a bifurqué sur sa droite et s'est arrêtée devant une porte fermée à clé, qu'elle a ouverte avec difficulté, avant de pénétrer dans une pièce qui semblait être un petit bureau, d'après ce que monsieur Lentz pouvait en entrevoir.

Elle s'est mise à consulter une liste de noms punaisée au mur. Par acquit de conscience, et par professionnalisme – du moins au nom de l'idée qu'elle s'en faisait –, elle a passé sa tête hors de la pièce et a redemandé son nom à monsieur Lentz, qui le lui a répété. Une seconde fois, elle a parcouru la liste de son index et du regard, puis a ouvert un tiroir, en a sorti un registre dont elle a feuilleté les pages, en avant et en arrière, avant de le refermer et de le ranger à sa place. Puis elle a éteint la lumière, a refermé la porte à clé, et a rejoint monsieur Lentz.

Comment s'est-elle adressée à lui, alors ? Quels sont les mots qu'elle a employés ? Sur quel ton ? Lui a-t-elle souri, ou pas ? A-t-elle haussé les épaules ? Je n'en sais rien. Je n'y étais pas, après tout. Toujours est-il que Casimir Lentz n'était pas inscrit. C'est ce qu'elle lui a dit, en substance. Il n'était pas sur la liste. Ni ailleurs. Aucune trace de son nom, nulle part.

À qui la faute ? Difficile à dire, c'est un peu compliqué. Sans entrer dans les détails, disons qu'il s'agissait d'un problème de communication, d'une information non transmise, quelque chose de cet ordre-là. Et peu importe, après tout. Tenons-nous-en aux faits, c'est déjà bien assez.

« Désolée », lui a-t-elle dit, pour ponctuer sa phrase. Et sans préjuger de savoir si elle l'était sincèrement, on peut penser, en effet, que c'est bien le mot qu'elle a prononcé en guise de conclusion, car c'était on ne peut plus approprié. Monsieur Lentz, lui, n'a pas répondu. Il n'a rien dit. Ou peut-être juste « ah… », ou simplement « tant pis ». Mais il ne s'est pas plaint, n'a pas protesté, ce n'est pas son genre, on le connaît.

Et puis juste avant qu'elle ne referme la porte, encore, il a dit « bonne soirée ». Mais qu'on ne se méprenne pas, surtout, il n'y avait dans ces mots, de sa part, aucune ironie, pas la moindre amertume, rien que la plus ordinaire des politesses.

Ensuite, il est resté immobile quelques secondes. Il a regardé la neige tomber dans le halo des réverbères. Et puis il s'est remis en chemin pour rentrer chez lui.

Enfantillages

Si l'on veut bien me croire qu'à plus de quatre-vingt-dix ans elle collectionnait les figurines et les petits jouets que l'on trouve dans les œufs surprises en chocolat, qu'elle en possédait des centaines, qu'elle exposait sur des étagères spécialement dédiées à cet effet ; si l'on veut bien me croire qu'elle s'en faisait acheter par douzaines, brûlant d'impatience d'en retirer le papier d'argent, dans l'espoir, à chaque fois renouvelé, que de nouvelles surprises viendraient encore enrichir sa collection ; si l'on veut bien se la représenter, assise derrière cette montagne de coquilles de chocolat brisées, occupée à assembler ses joujoux de ses doigts tremblotants ; si l'on veut bien se donner la peine d'imaginer cela, alors on ne s'étonnera pas, non plus, que lorsqu'un terme fut mis à ses enfantillages, ses héritiers, la soixantaine bien sonnée, fervents collectionneurs d'œufs surprises, eux aussi, s'entre-déchirèrent afin de savoir à qui reviendraient les pièces rares de sa collection, et cette figurine du Grand Schtroumpf, notamment, qu'ils avaient déjà tant convoitée de son vivant.

Tout dépend de la girafe

En poussant la porte du restaurant, j'ai été rassuré de voir que deux tables seulement étaient occupées, car tout le chemin, j'avais craint que nous n'ayons plus de place.

De derrière deux portes battantes, une petite dame est apparue, s'est essuyé les mains dans son tablier, et s'est dirigée vers nous. Mais avant qu'elle n'ait prononcé le moindre mot, à son visage clos, j'ai compris qu'on ne serait pas servis ici ce soir. Ils venaient de nettoyer les cuisines, nous a-t-elle expliqué, désolée. Il était huit heures vingt, à peine, à ma montre, mais cela devait correspondre à minuit passé, sans doute, heure locale. On comprenait mieux, alors, son air soucieux, en nous voyant ainsi pénétrer dans son restaurant au beau milieu de la nuit.

J'aurais pu, malgré tout, tenter d'insister, lui dire que nous étions déjà venus l'autre jour, que nous étions en quelque sorte des habitués, et qu'elle n'aurait pas le cœur, tout de même, à priver de dîner notre enfant qu'elle voyait ici. En la prenant par les sentiments, peut-être aurait-elle fini par céder. Mais je ne suis pas doué pour cela. « Ah bon », j'ai fait, tout simplement. Et nous sommes ressortis. La nuit commençait à tomber.

Il y avait un autre restaurant, à l'écart du village, en amont, au bord du torrent. J'ai proposé de tenter notre chance là-bas. Nous y étions allés, deux ans auparavant, et l'on en gardait un bon souvenir. « C'est là-bas qu'on avait vu des renards, en sortant, tu t'en souviens ? » lui ai-je demandé. Il a fait mine que non. « Mais si, rappelle-toi… » j'ai insisté. Il a froncé les sourcils, d'abord, puis son regard a fini par s'éclairer :

« Là où on avait joué au billard ?

– Là-bas, oui, j'ai répondu. Et en repartant, on avait vu des renards, tu t'en souviens pas ?

– Est-ce qu'on pourra rejouer au billard? m'a-t-il demandé.

– On verra bien, j'ai fait. » Mais des renards, il ne lui restait rien, visiblement.

Nous avons repris la voiture et, à la sortie du village, avant de monter vers le col, emprunté cette petite route qui longeait le torrent. À mi-chemin, j'ai ralenti un peu pour lui montrer l'endroit où, précisément, nous les avions vus, ces renards. Et c'est alors que je me suis rappelé que s'il n'en gardait aucun souvenir, c'était tout simplement parce qu'il s'était déjà endormi à l'instant où ils étaient apparus dans nos phares. M'est d'ailleurs revenu en mémoire, lorsque nous le lui avions raconté le lendemain et sa grande déception de les avoir manqués, et comme il s'était plaint de n'en avoir jamais vu. Alors nous avions dû faire l'inventaire des animaux rares qu'il lui avait été donné de voir à ce jour, et je lui avais rappelé ce hérisson, notamment, qu'une nuit, nous avions suivi de près, tous les deux, pas à pas, sur un trottoir. Et de se remémorer ce moment précieux, cela l'avait consolé un peu.

À la sortie du dernier virage, en apercevant au loin de la lumière à travers un bosquet de bouleaux, j'ai pensé que c'était bon signe. Il n'y avait que ce restaurant, par ici, et cela signifiait au moins qu'on pouvait s'attendre à le trouver ouvert.

Nous nous sommes garés juste en face, là où la route s'achevait. Ce n'était plus, au-delà, qu'une vaste étendue pierreuse et chaotique, labourée par le torrent qui, à cet endroit, s'étalait largement avant de regagner son lit.

Des silhouettes se dessinaient derrière les vitres. Rien n'était gagné, mais j'avais bon espoir. Encore une fois, sur le perron, il m'a demandé si nous pourrions jouer au billard. « Peut-être, ai-je répondu, on verra », et nous sommes entrés.

Quelques personnes seulement dînaient ici ce soir, dont certaines en étaient déjà au dessert. Le patron se tenait derrière le bar. Il n'avait pas changé. Je l'ai aussitôt reconnu à sa barbe et ses airs de gnome malicieux. Nous l'avons salué et nous sommes approchés de lui. « Nous sommes trois », lui ai-je dit, en redoutant sa réponse. Mais il a souri, simplement, et d'un geste du bras, nous a proposé une table, ou une autre, peu importe, à nous de choisir. Nous avons pris place. Ce n'était pas plus compliqué que ça.

Nous avons commandé la même chose qu'il y a deux ans, et c'était tout aussi bon, comme si, en cuisine, on avait simplement reposé la même marmite sur le feu et que nous mangions les restes de la veille.

À plusieurs reprises, au cours du repas, il nous a demandé quand est-ce qu'enfin on allait pouvoir jouer au billard. Mais ce n'est qu'après le dessert que nous avons consenti à nous lever, pour entamer avec lui une étrange partie dont nous étions les seuls à pouvoir comprendre les règles, et dont le but obscur semblait consister, en un maximum de bandes, à ne surtout jamais faire tomber une seule boule dans un trou – à part la blanche.

Nous avons fini par y parvenir, malgré tout, à force de patience, jusqu'à ce qu'au bout du compte, grâce à notre complicité bienveillante, comme la dernière fois, il remporte brillamment la partie.

Il n'était pas si tard, mais en regagnant notre table, j'ai remarqué que nous étions maintenant les derniers clients, tout comme il y a deux ans. Seul un homme, au bar, conversait encore avec le patron. J'ai attendu un peu, pour ne pas les interrompre, et ce n'est que lorsqu'il s'en est allé que j'ai demandé l'addition.

Nous avons payé et échangé, nous aussi, quelques mots avec le patron, au sujet de la saison qui s'achevait et de l'hiver qui arriverait vite, maintenant, et qui n'en finit parfois jamais ici. Puis nous nous sommes levés et avons quitté le restaurant. Il tombait de fatigue.

Dehors, la nuit était fraîche. Des montagnes qui nous faisaient face, on ne distinguait plus, sous un croissant de lune, que les crêtes enneigées. Nous sommes restés quelques secondes sur le perron, à regarder en l'air, à écouter le torrent, puis il m'a demandé si on pourrait rejouer au billard, bientôt. « Sûrement », j'ai répondu, évasif, en me frottant les mains. Puis nous avons regagné la voiture en courant.

En m'installant au volant, j'ai pensé, et puis j'ai dit, comme ça, tout haut, que ce serait drôle maintenant, si comme il y a deux ans, on voyait des renards sur la route en rentrant. Il avait déjà fermé les yeux, à l'arrière, mais en m'entendant, il m'a supplié de le réveiller, cette fois, si par hasard cela se produisait. Je le lui ai promis, et nous avons démarré.

Seuls les feux de la voiture éclairaient la petite route. Nous roulions lentement. Derrière nous, il dormait déjà. Notre séjour ici s'achevait. Nous convenions de l'heure de notre départ, au matin, tout en se disant pour nous consoler qu'on reviendrait sûrement.

À l'endroit des renards, comme à l'aller, profitant d'un virage et de ce que le faisceau des phares éclairait un instant les abords de la chaussée, machinalement j'ai ralenti un peu, en scrutant les herbes hautes.

Et là, comme une apparition dans les broussailles, au moins trois paires d'yeux luisants et d'oreilles pointues, autant de queues touffues, peut-être plus. Toute une famille, probablement, au même endroit, exactement, tout comme il y a deux ans.

J'ai stoppé net et poussé un cri pour le réveiller, tout en mettant pleins phares dans leur direction, afin qu'il ait le temps de les apercevoir. Je me suis retourné pour bien m'assurer qu'il ne les manquait pas, et j'ai vu son large sourire et ses yeux briller autant que ceux des renards dans les phares.

Nous les avons regardés encore, bondir et s'éloigner sans affolement, jusqu'à ce qu'ils disparaissent dans les buissons.

Nous sommes repartis en nous disant qu'on avait bien de la chance, qu'on aurait pas pu imaginer meilleure fin de soirée, plus sympathique comité d'adieu.

« Combien de temps ça vit, un renard ? m'a-t-il demandé, alors que nous abordions la route qui descendait du col.

– Aucune idée… j'ai répondu, d'abord.

– Plus longtemps qu'un homme ? a-t-il poursuivi.

– Non, bien sûr que non. Une dizaine d'années, peut-être, me suis-je hasardé.

– Dix ans ! s'est-il exclamé, tant cela lui paraissait ridicule.

– À peu près, j'ai fait, je sais pas, au juste, tout dépend du renard… »

Il s'est mis à m'énumérer d'autres animaux, encore, dont il m'a fallu estimer la longévité, pour la comparer à celle de l'homme. Il a fini par la girafe, puis il a fermé les yeux, sûrement conforté dans l'idée que c'était bien la condition la plus enviable que celle d'être né humain.

« Tout dépend, bien sûr, de la girafe », lui ai-je encore précisé, inutilement. Il s'était déjà rendormi.

L'enlèvement

Alors ils sont arrivés. J'ai entendu le bruit d'un engin qui manœuvrait, des éclats de voix et des klaxons. J'ai fini par aller voir à la fenêtre. Ils avaient bloqué la rue et, au pied de l'église, un grand camion-nacelle commençait à déployer son bras.

Dans la nacelle qui s'élevait, deux hommes enfilaient leurs gants, tandis qu'au-dessus d'eux, des immenses persiennes du clocher, descendaient des cordes jusqu'au niveau de l'horloge. Puis une onde a parcouru les cordes et, au travers des persiennes, une sorte d'alpiniste est apparu. Sous l'œil noir des gargouilles, il s'est laissé glisser par saccades, le long de la corde, pour rejoindre les deux autres, maintenant parvenus au niveau de l'horloge.

Un second camion était garé sur le parvis à côté duquel deux autres types de la même équipe conversaient, s'interrompant régulièrement pour regarder en l'air, un index pointé vers l'horloge, l'autre main en visière à cause du soleil du matin qui commençait à apparaître derrière le clocher. Sur les trottoirs, les passants, intrigués, marchaient la tête en l'air, certains d'entre eux, juste le temps qu'un réverbère les rappelle à l'ordre. Les moins pressés s'arrêtaient un instant près des deux hommes, puis finissaient par leur demander quel était le but de ces grandes manœuvres. D'autres, encore, se tenaient un peu à distance, ne demandaient rien à personne et attendaient de voir par eux-mêmes.

C'est ce que j'aurais fait, moi aussi, depuis cette fenêtre, pour avoir le fin mot de l'histoire, si l'horloge que j'avais sous le nez ne m'avait pas rappelé qu'on m'attendait à l'autre bout de la ville. J'ai dû mettre un terme à mes observations.

Lorsque j'ai été de retour chez moi, quelques heures plus tard, l'esprit occupé par tout autre chose, je n'ai plus pensé au clocher de l'église et à ceux qui l'avaient pris d'assaut, ce matin même, ni pourquoi ils l'avaient fait, au juste. Cela m'était sorti de la tête.

C'est machinalement, comme je le fais dix fois par jour, au moins, que je me suis approché de la fenêtre, simplement pour voir l'heure. Mais au lieu de se poser naturellement sur le cadran de l'horloge, comme après un faux pas, un appui qui se dérobe, mon regard a glissé sur la pierre sans pouvoir se raccrocher à rien.

À l'emplacement de l'horloge, dans son renfoncement, ne restait plus de celle-ci qu'une trace noircie avec, en son centre, le petit trou maintenant vide où ce matin encore, au milieu du cadran rouge et noir, se logeait l'axe autour duquel tournaient les grandes aiguilles d'or.

Ils l'avaient emportée. Voilà pourquoi ce remue-ménage, toute cette équipe, les cordages et les camions. On n'avait pourtant rien à reprocher à cette horloge quant à son fonctionnement, et jamais, moi-même, je ne l'ai prise en défaut. Étonnamment, malgré la taille des aiguilles, et sans doute celle des rouages, les minutes et les heures s'écoulaient avec une précision exemplaire, digne de celle des plus fins mécanismes. Mille fois j'ai pu le vérifier.

Il ne s'agissait, me suis-je laissé dire, que de raviver les couleurs du cadran, de redorer les chiffres et les aiguilles. Toute cette opération pour un coup de peinture, était-ce bien nécessaire? ai-je pensé, d'abord. Et puis, je me suis fait à l'idée. Mieux valait peut-être ne pas attendre que la corrosion finisse par ralentir la course des aiguilles. Cela, je peux l'entendre. J'ai pris mon mal en patience.

Mais combien de temps encore leur faudra-t-il pour rafraîchir cette horloge? Cela commence à durer et je finis par m'inquiéter. Ce n'est pourtant que l'affaire de quelques coups de pinceaux et cela fait presque deux mois, maintenant, qu'ils l'ont emportée.

Depuis, chaque matin, j'attends son retour en me disant « peut-être aujourd'hui », et le soir, « peut-être demain ». Je tente de me convaincre que la météo n'est pas vraiment favorable, ces temps-ci, soit qu'il fait trop froid, soit que la pierre humide est glissante, que le vent souffle un peu fort, que le risque est trop grand qu'une bourrasque emporte une aiguille. Sans doute faut-il attendre des conditions plus clémentes, me dis-je.

Et lorsque après quelques jours de beau fixe, enfin, ils ne sont toujours pas venus, je me console en me disant qu'il fait sûrement trop chaud, là-haut, sous le soleil, et qu'avec la sueur qui vous brûle les yeux et les mains moites, on ne fait rien de bon non plus. Et sans doute vaut-il mieux, pour eux, attendre des températures plus douces, j'en conviens. Mais au fond, je me raconte des histoires, je le sais bien.

Chaque fois, maintenant, que, par habitude, je cherche l'horloge du regard, emporté par mon élan, c'est comme si je passais par la fenêtre et tombais au-dehors.

Ce n'est pas que j'aie absolument besoin de savoir l'heure, à tout moment, d'un seul coup d'œil. Je pourrais me débrouiller autrement, bien sûr et, par exemple, porter ma montre, tout simplement. Et même si les œufs durs dont on surveille la cuisson sur les grandes aiguilles d'or ont un tout autre goût, c'est un fait, ce n'est après tout qu'un désagrément dont je pourrais me consoler. Ce qui est bien plus gênant, c'est que depuis la disparition de l'horloge, on dirait que la petite mécanique du quartier s'est déréglée. Quelque chose ne tourne plus tout à fait rond, ici. Il me semble parfois que les gens marchent sans trop savoir où aller. Ils errent plus qu'ils ne vont. Ils passent et repassent, l'air désemparé.

Il n'y a qu'à voir, pour s'en rendre compte, le visage défait de ceux qui, assis à la terrasse du café de la place, juste au pied de l'église, s'étirant au soleil, jettent un regard nonchalant au clocher et se rendent compte, pour certains, ou se souviennent, pour d'autres, de la disparition de l'horloge. Ils ont beau se passer négligemment la main dans les cheveux, se gratter l'oreille ou le bout du nez pour tenter de se donner un peu de contenance, ils parviennent mal à dissimuler le trouble qui est le leur.

Comme si cela ne suffisait pas, pour remuer le couteau dans la plaie, elle sonne encore, cette horloge fantôme, comme court un canard à la tête coupée. Lorsqu'on l'entend et qu'on y prête attention au bout de quelques tintements, alors on se demande quelle heure il est au juste. Et à chaque fois, on s'y laisse prendre. On lève les yeux vers l'horloge, pour constater une fois de plus son absence, à laquelle on ne s'habitue décidément pas.

Et au son des cloches qui résonne encore se mêle alors le rire des horlogers naufrageurs.

L'été s'est installé. J'ai peu d'espoir qu'ils reviennent avant le mois de septembre. Parfois je me dis même qu'ils ne reviendront pas.

Je les vois d'ici, avachis sur la plage, luisants au soleil, savourant des vacances qu'ils estiment bien méritées, parfaitement indifférents au désarroi dont ils sont la cause ici, sous le ciel gris.

Et de retour de leurs interminables congés, le nez rouge et pelé, ils auront sans doute oublié l'horloge qui se languit de son clocher depuis des mois dans un coin sombre de leur atelier. Il me semble la voir, parfois, posée contre le mur sur trois cales de bois, les aiguilles à la verticale, juste à côté, ou derrière le cadran, à même le sol.

En attendant de s'en occuper, ils ont fini par la recouvrir d'une bâche. Et ce faisant, ils l'ont soustrait à leur regard, si bien qu'ils y pensent de moins en moins.

Juste devant, par-dessus, ils ont entreposé d'autres cadrans, de diamètres supérieurs encore. Alors ils n'y pensent plus du tout. Ils l'oublient pour de bon, pendant qu'au fil des semaines et des saisons, à force d'attendre son coup de peinture et ses dorures, le cadran se pique, se cloque et s'écaille. La rouille savoure ces aiguilles immobiles.

Et si d'ici un an ou deux, par hasard, à l'occasion d'un grand nettoyage de printemps, l'un d'entre eux soulève la toile qui recouvre l'horloge, dans un bien piteux état, alors, personne ne se souviendra de quel clocher ou de quelle tour de gare celle-ci est tombée.

Ils n'auront alors plus qu'à la foutre en l'air. Et jamais plus, ici, le temps ne reprendra son cours.

Au feu, s'il vous plaît

On a beau avoir deux yeux, ils regardent souvent dans la même direction, si bien qu'au lieu de se compléter, ils travaillent en doublon, ce qui est regrettable. Toute considération esthétique mise à part, s'ils pouvaient, chacun d'eux, faire preuve d'un peu plus d'autonomie, si l'un s'occupait de regarder à droite pendant que l'autre regarde à gauche, on aurait sûrement une vision du monde moins parcellaire. On toucherait d'un peu plus près à la vérité des choses.

J'y pense, parce que souvent j'emprunte cette route. Et juste à l'entrée de la ville, à chaque fois, mon regard se pose sur les ruines de cette bâtisse, dont ne reste plus que les murs noircis, et du toit, quelques poutres calcinées.

De loin, sur le pignon, au-dessus du squelette de la véranda, en grandes lettres peintes, on peut encore lire « les routiers », et en plus petites, « café-restaurant – petits déjeuners ».

Accrochée à la façade, une enseigne vante encore la bière que l'on pouvait boire ici avant que les flammes ne fassent exploser les fûts. Sur l'autre façade, une autre enseigne à demi fondue.

Au rez-de-chaussée, afin que personne n'y pénètre, on a obstrué l'ouverture des grandes fenêtres avec des panneaux de bois. Sur ces panneaux, depuis, au fil des saisons, des affiches se superposent. Un bal, tout prêt d'ici, un concert, là-bas, une fête foraine, une braderie, et surtout des cirques. Des cirques déjà loin et des cirques à venir. Les fauves recouvrent les éléphants, les clowns succèdent aux fauves, les trapézistes aux clowns, et par-dessus Medrano, Zavatta, et sur Zavatta, Pinder, et sur Pinder, Medrano.

Comment était-ce auparavant ? Et quand est-ce arrivé, déjà ? Je peine à m'en rappeler. Je ne sais même plus si cela se compte en mois ou en années. C'est comme si les flammes avaient dévasté le passé même de cet endroit, et consumé jusque dans mon esprit son souvenir.

Combien de fois suis-je passé par ici, depuis, dans un sens et dans l'autre? Mes yeux toujours attirés du même côté de la chaussée, par le prix du menu encore affiché, ce petit arbre qui a poussé tout contre le mur couvert de suie, ou cette poutre en charbon de bois qui menace de rompre. Cette poutre, un jour, enfin rompue.

Et je me demande comment tout est arrivé. Est-ce d'une casserole oubliée que de petites flammèches ont sauté? Est-ce un mégot mal écrasé? Une allumette rebelle? Était-ce de l'huile trop chaude? Un feu de cheminée? Ou bien la foudre, un soir d'orage? À moins qu'au fond d'un vieil interrupteur deux fils se soient côtoyés d'un peu trop près.

Quelqu'un sait-il, au juste, ce qui est arrivé ici ou est-ce un mystère? Comme pour ces pauvres gens dont j'ai quelquefois entendu parler, qui se sont paraît-il embrasés spontanément et consumés jusqu'aux os, sans raison. Cela arrive peut-être à certains lieux, aussi.

Est-ce qu'à la fumée qui s'est élevée au-dessus du brasier se sont mêlés des cris ? Quelqu'un a-t-il péri, ici ? Voilà à quoi je pense quand je passe devant ce vieil incendie.

Un jour, tout de même, on décidera de tourner la page. Des engins de chantier passeront à l'assaut. Il suffira de quelques coups de pelleteuse dans les murs pour que tout finisse à plat. Il suffira de quelques heures pour qu'il ne reste plus, à la place de cette coquille vide, qu'un tas de pierres et de cendres. On s'étonnera même de la petitesse du tas.

Le jour suivant, on fera place nette. Un camion-benne emportera les gravats. Et quand je repasserai par ici, à cet endroit, il n'y aura plus qu'un terrain vague, ou peut-être même un parking, déjà. Alors, je n'aurai plus rien à voir de ce côté-ci de la route. Je regarderai droit devant moi. Ou de l'autre côté, qui sait ?

C'est ce que j'ai fait, d'ailleurs, l'autre jour, par hasard, et pour la première fois, en suivant des yeux ce piéton qui traversait, et que j'ai accompagné du regard jusque sur le trottoir d'en face. C'est là, qu'un peu en retrait par rapport aux maisons qui bordaient la chaussée – que l'on me croie sur parole –, j'ai vu qu'il y avait la caserne des pompiers.

Devant les garages grands ouverts, deux camions étincelants étaient garés. Des hommes en astiquaient les chromes, passaient la carrosserie à la peau de chamois, pendant que d'autres, un peu plus loin, en tenue de feu, casques d'argent, s'agitaient aux ordres de l'un d'entre eux, déroulaient des lances, manœuvraient la grande échelle. Non pas qu'ils venaient à l'instant d'être prévenus pour ce qui était arrivé juste en face, rien à voir. Ce n'était pas non plus que la caserne était en flammes, ni même qu'ils s'apprêtaient à intervenir quelque part. C'était juste le quotidien. L'entretien du matériel et des hommes. La routine, tout simplement.

C'est qu'il fallait s'entraîner, continuellement, c'était la condition de l'efficacité. Mieux que quiconque ils le savaient.

Toujours et incessamment s'entraîner, pour courir plus vite, dérouler plus vite, monter plus vite, plus haut, porter plus lourd, ne pas se laisser surprendre, jamais. Chaque seconde prise aux flammes compterait.

Disparu

Un beau matin, on sort de chez soi. Le soleil apparaît tout juste au-dessus des toits. L'air est frais, le pavé est encore humide. On traverse la place, on contourne la fontaine et, au moment d'entrer dans la boulangerie, on tombe sur ce visage affiché sur la porte. Un homme a disparu. Il n'a pas trente ans. Sous sa photo, son nom, un numéro de téléphone et quelques renseignements.

On aimerait pouvoir se rendre utile, bien débuter la journée, appeler tout de suite pour dire que, justement, par le plus grand des hasards, cet homme, on vient de le croiser, juste au coin de la rue. À l'instant même. On en est absolument sûr, ce n'est pas une mauvaise plaisanterie. On l'aperçoit d'ailleurs encore au loin, il n'est pas trop tard pour le rattraper. On aimerait qu'il en soit ainsi, mais ce n'est pas le cas. Alors on prend la peine de fixer son visage quelques secondes, pour l'inscrire dans sa mémoire, si par chance, un jour ou l'autre, il nous arrivait de tomber sur lui.

En quittant la boulangerie, en retraversant la place dans l'autre sens, on se demande s'il est du quartier, on se dit que, si ça se trouve, on a déjà, par le passé, croisé son chemin, ou même peut-être échangé quelques mots avec lui. Dans l'escalier, on y pense encore, mais ses traits déjà s'estompent. Une fois rentré chez soi, on l'oublie.

Le soir même, à l'autre bout de la ville, on est en retard. On marche d'un pas pressé, lorsque, dans une vitrine, on retombe sur ce visage et on s'arrête net parce qu'une fraction de seconde, bêtement, on a pensé : ce type me dit quelque chose. Et dans le même temps, on se souvient que ce n'est que parce qu'on a déjà vu sa photo à la boulangerie. Et l'on poursuit son chemin.

Le lendemain, à plusieurs reprises, on l'aperçoit. Des affiches ont dû être collées dans la nuit. À l'arrêt de bus, sur ce vieux mur, cette cabine téléphonique, ce poteau. Alors on se surprend à dévisager les gens. On n'est pas physionomiste pour un sou, mais on espère le reconnaître au fond d'un bar ou dans le flot des passants.

Les jours et les semaines qui suivent, il nous est devenu familier. Où que l'on aille à travers la ville, on est sûr de tomber sur lui. Au pressing, à la pharmacie, dans ce café, et cet autre café, à la poste, au supermarché. Plus il disparaît, plus il est présent.

Un jour, on se retrouve dans ce quartier où l'on ne va pourtant jamais. On n'a rien à y faire de particulier. On se demande d'ailleurs pourquoi on a fait ce détour plutôt que d'emprunter le chemin habituel. Et tandis qu'on s'interroge, on passe à l'endroit précis où, pour la dernière fois, il a été aperçu. C'est écrit sur l'affichette, on la connaît par cœur. Cent fois on l'a lue. Alors on ne peut pas s'empêcher de s'arrêter un instant, de revenir sur ses pas. C'est ici, lui aussi, qu'il a posé les siens. C'est ce même trottoir qu'il a foulé. Mais ensuite, vers où s'en est-il allé ? On se surprend à scruter le sol et puis à regarder en l'air. On s'attarde sur cette plaque d'égout bancale, cette grille descellée. Serait-on en train de chercher un indice ? Croit-on détenir une piste ? Ce bouton de chemise dans le caniveau lui appartiendrait-il ? Et cet homme qui semble nous observer depuis son balcon, sait-il quelque chose que personne d'autre ne sait ? Même ce vieux mégot nous paraît suspect.

Collé sur ce réverbère, là-bas, un papier nous intrigue. C'est un vieil avis de recherche pour un chat perdu. On se mordille les lèvres. On se gratte la tête. Y aurait-il un lien entre les deux affaires ? On finit par se sentir parfaitement ridicule. On ferait mieux de rentrer chez soi. Et c'est ce qu'on fait.

Des mois ont passé, il n'a pas réapparu. Il est toujours là, sur les comptoirs, les guichets, dans les vitrines, à tous les coins de rue, mais on s'y est habitué, on ne le remarque plus.

Un matin, on sort de chez soi. Il pleut à verse. On remonte son col, on traverse la place en courant, on contourne la fontaine et, au moment d'entrer dans la boulangerie, on s'aperçoit que, sur la porte, sa photo a disparu. L'aurait-on retrouvé ? Doit-on s'en réjouir ou s'en inquiéter? On n'ose pas poser de questions.

Les jours suivants, où que l'on aille à travers la ville, on ne tombe plus jamais sur lui. Toutes les affiches ont été retirées. Il n'est plus au café, ni dans cet autre café, ni à la poste, ni au supermarché. À la pharmacie non plus, ni chez le cordonnier. Il n'est plus nulle part.

Il arrive qu'on puisse encore le voir, sur une palissade de chantier, ou au dos d'un panneau. Mais la pluie, bientôt, aura raison de l'encre et du papier. On se dit qu'il va nous manquer.

Fin heureuse

Ce bruit sec, comme un caillou contre la vitre, sans doute était-ce le bec.

Mais ce n'était pas qu'un bruit sec, car en même temps que ce claquement, ou avec un infime décalage, un bruit plus sourd s'est fait entendre. Sans doute était-ce le corps. Plus qu'un bruit sec accompagné ou suivi d'un bruit sourd, c'était un bruit sec enveloppé d'un bruit sourd. Délicatement enveloppé, dirais-je. Un bruit sourd, assourdi encore par le moelleux du plumage. Un oiseau s'était écrasé contre la baie vitrée, pour faire court.

Je l'ai su avant même de le voir. Cela s'était déjà produit une fois et ce bruit je ne l'avais pas oublié. Je venais d'entendre leurs piaillements, je les avais vus tourner en rond et se poursuivre, et je m'étais demandé s'il s'agissait d'un jeu ou d'une bataille pour la maîtrise du ciel. Un reflet dans la vitre aura sûrement trompé l'un d'entre eux dans sa fuite.

Si je n'avais pas bondi aussitôt après l'impact, ce n'était pas de peur de découvrir cet oiseau mort. Ce que je redoutais, justement, c'est qu'il ne le fût pas et que je le trouve gisant sur le balcon, agité de petits tremblements, son bec grand ouvert, battant un peu d'une aile, ne parvenant qu'à faire un tour sur lui-même, puis s'immobilisant un moment, avant de reprendre ses efforts dérisoires. Ce que je craignais, alors, c'est qu'il me fixe de son petit œil noir et m'implore de l'achever. Et alors que faire? Et comment m'y prendre? Je manquais d'expérience en la matière. Faudrait-il lui marcher sur la tête? La lui saisir entre le pouce et l'index, et la lui tourner comme un bouchon qu'on dévisse? Allais-je devoir le noyer ou le finir au casse-noix? De tout cela, je me sentais bien incapable, et j'espérais que le choc avait été suffisamment violent pour qu'il ait trépassé sur le coup, ou rebondi contre la vitre jusque dans le jardinet des voisins, trois étages plus bas.

Cela dit, rien n'interdisait un peu d'optimisme, et peut-être s'en était-il sorti indemne et avait poursuivi son vol, juste un peu sonné. Peut-être n'était-il que légèrement blessé, une simple entorse de l'aile, une ou deux plumes fracturées. Nous n'aurions alors qu'à le recueillir pour le soigner, et au bout de quelques jours, il reprendrait son envol.

Sur cette note d'espoir, j'ai fini par me lever pour aller voir ce qu'il en était. De l'autre côté de la vitre, sur le balcon, gisait un moineau, parfaitement immobile et l'air on ne peut plus mort. Une petite brise soulevait par endroits son plumage. Je me suis accroupi pour l'observer de plus près, et suis resté là, le temps de m'assurer qu'il n'était pas simplement assommé. C'est triste, me suis-je dit, au bout d'un moment, mais c'est la vie.

Et puis j'ai pensé à lui. J'ai décidé de ne pas lui en parler. C'est que je ne tenais pas à devoir organiser des funérailles en règle. Je ne voulais pas que la vue de cet oiseau lui cause quelque inquiétude, qu'il commence innocemment par m'interroger sur la longévité des moineaux, et qu'il en vienne ensuite à me demander quand est-ce qu'on allait mourir. J'avais encore le souvenir douloureux de cette fois où il s'était subitement mis à pleurer, sur un trottoir, et m'avait dit : « Je veux pas que la vie ça dure deux minutes. » Je n'avais pas su trouver les mots. Je m'étais juste retenu de lui dire : moi non plus.

Il fallait que je fasse disparaître le corps avant d'aller le chercher à l'école. J'avais encore du temps devant moi, mais j'ai préféré m'en occuper tout de suite, de peur que cela ne me sorte de la tête.

Je suis allé chercher une pelle et une balayette que je n'ai pas trouvées à leur place habituelle, ni là où elles se trouvaient d'ordinaire lorsqu'elles n'étaient pas à leur place habituelle. À force de fouiller tous les réduits et les placards, j'ai fini par mettre la main sur la pelle, mais je n'ai pas retrouvé ma balayette, et cela m'a découragé.

Je me suis assis et me suis laissé distraire par la première pensée qui passait, puis par celle qui suivait, accrochée à la première, et ainsi de suite, pendant de longues minutes, jusqu'à ce que repasse enfin dans ma tête mon problème d'oiseau mort. Je me suis demandé ce que j'allais en faire, au juste, une fois que j'aurais retrouvé ma balayette. Même s'il ne m'était plus possible de descendre pour l'enterrer au square, il méritait tout de même mieux que de finir aux ordures à même un matelas de nouilles froides. Je me devais au moins de lui trouver une jolie petite boîte qui lui ferait un cercueil agréable. Alors je m'agenouillerais près de lui. D'un petit mouvement de balayette, je le pousserais délicatement dans la pelle, et de la pelle le ferais glisser dans sa boîte, que je refermerais, et que j'irais ensuite, avec le plus de solennité possible, mettre à la poubelle. C'était ce que je pouvais faire de mieux.

Cherchons donc une boîte, me suis-je dit, et en cherchant cette boîte, j'avais bon espoir de retrouver aussi ma balayette. Je pensais avoir encore bien assez de temps pour mes petites funérailles, lorsque j'ai regardé ma montre. Ne me restait que cinq minutes à peine avant sa sortie de l'école. Je me suis levé d'un bond. Je devais faire au plus court et me passer de balayette, tandis qu'il devrait se passer de cercueil. J'ai improvisé et me suis résolu à le saisir par la queue, du bout des doigts, et à le laisser tomber, pour un dernier vol, dans le jardinet du rez-de-chaussée. Après tout, que la nature fasse son travail, j'ai pensé. Qu'il sèche au soleil. Laissons les fourmis et les asticots s'en occuper, ou mon voisin, s'il en a le temps, et s'il veut bien, lui, se donner la peine de lui creuser une tombe.

Sans tarder, je me suis dirigé vers le balcon et me suis planté devant la vitre. À l'endroit précis où le moineau gisait une heure auparavant, il n'y avait plus, sur le sol, qu'une petite plume qui en témoignait. J'ai cherché à comprendre. J'ai ouvert la baie vitrée et suis sorti sur le balcon. J'ai regardé par terre tout autour de moi, mais il n'y était pas. Cela ne faisait aucun doute, il s'était envolé.

J'ai attrapé ma veste, j'ai quitté l'appartement et dévalé l'escalier. En descendant la rue, j'ai d'abord marché à grands pas, puis je me suis mis à courir. Non plus de peur d'être en retard, mais par impatience de le retrouver. Pour lui dire quelle chose extraordinaire s'était produite aujourd'hui, lui raconter l'incroyable histoire de cet oiseau ressuscité.

Libellule

Les lignes s'étaient mises à vibrer comme des cordes de guitare. Les mots semblaient glisser les uns sur les autres et se confondre. Le tout formait un bloc impénétrable. J'ai incriminé mes yeux, secs comme ceux d'une vieille tortue, les ai longuement frottés de mes poings pour en extraire encore un peu de jus. J'ai accusé mes lunettes, tout juste translucides, ai pris la peine de les nettoyer proprement, mais je n'y ai pas vu beaucoup plus clair.

Je n'étais pas dans un grand jour, voilà tout, je l'avais senti tout de suite, à peine installé à ma table. Ce n'avait pas été une très bonne semaine non plus, d'ailleurs, pas plus que le mois n'avait été mémorable. Mieux vaut ne pas parler du trimestre. L'année, globalement, avait été assez brumeuse.

J'ai voulu prendre un peu de recul et faire le point. Je me suis mis à compter les signes, les mots et les pages, afin de savoir où j'en étais, à peu près, de ma traversée au long cours. Cela me servirait à établir une sorte de calendrier prévisionnel pour estimer jusqu'où cette histoire m'emporterait. Avec une trentaine de lignes par jour, me disais-je, voire peut-être trente-cinq, les jours où le vent me serait très favorable, j'aurais passé la page cent avant Noël, et me sentirais bien soulagé, ensuite. C'était mon petit cap Horn à moi. Je pourrais ainsi espérer toucher terre à Pâques. Cependant, je n'étais pas dupe, mon estimation péchait par optimisme. Je m'étais menti et le savais pertinemment, mais cela me rassérénait un peu.

Si je venais à me rendre compte que mon objectif était hors d'atteinte, il serait toujours temps de revoir mes prévisions à la baisse et d'établir une nouvelle route avec une vitesse de croisière de vingt-cinq lignes par jour, au grand maximum, ce qui était sans doute plus réaliste.

Rien ne m'empêcherait, par la suite, d'affiner encore mes calculs en ramenant mes prévisions à vingt lignes par jour. Je pourrais ainsi me surprendre, certains jours fastes, à dépasser mon objectif de quelques lignes et ne m'en sentirais que plus fier.

Dans les hypothèses les plus pessimistes, c'est-à-dire avec une moyenne de quinze, voire dix lignes par jour, seulement, je pouvais raisonnablement espérer passer la page cent au début ou à la fin du mois de février, disons pour l'arrivée du printemps au plus tard. Au début de l'été ou, au pire, au mois de septembre, je serais tiré d'affaire. Cela dit, on n'est jamais à l'abri d'un imprévu. Mettons à la fin de l'année prochaine et puis n'en parlons plus.

Devant ces perspectives encourageantes, je m'apprêtais à me remettre à l'ouvrage, lorsque j'ai remarqué cet insecte posé sur le montant de la fenêtre entrouverte. De là où j'étais assis, à première vue, j'ai pensé qu'il s'agissait d'un de ces grands moustiques aux longues pattes. Je me suis tout de même levé pour en avoir le cœur net, me suis dirigé vers la fenêtre et me suis approché de l'insecte. Si, de loin, la ressemblance avec un moustique était frappante, de près, pourtant, la confusion était impossible. Mon visiteur avait bien plus d'allure. Son corps effilé, jaune-vert, ses deux paires d'ailes, ses gros yeux aux reflets irisés, aucun doute, c'était une de ces petites libellules que l'on appelle demoiselle. Je suis resté un moment à l'observer, attendri, puis j'ai ouvert grand la fenêtre pour lui permettre de regagner le roseau le plus proche.

On apercevait, d'ici, les berges de la rivière qui traversait la ville. C'est dans cette direction qu'elle s'en est allée. Je l'ai regardée s'éloigner avec un petit pincement au cœur.

Après son départ, je me suis soudain senti plein d'un enthousiasme nouveau et me suis dit aussitôt que de cette libellule providentielle je devais faire une histoire. Il faut parfois savoir se satisfaire de peu. Une libellule, c'est bien, me suis-je dit. Même une petite libellule, c'est assez rare. Surtout ici, en pleine ville. Il m'était déjà arrivé d'en croiser quelques-unes, dans le quartier, toujours très pressées, mais cela n'arrivait pas tous les jours, et aucune d'entre elles n'était venue me rendre visite jusqu'alors. Il y aurait matière à en faire quelque chose, je le pressentais.

Je n'y suis revenu que quelques jours plus tard. Et peut-être, et sûrement, était-ce une erreur d'avoir tardé à m'en occuper. Passé l'enchantement de la rencontre et les premiers émois, je n'y ai plus trouvé du tout le même intérêt. Et puis quoi, une libellule? me suis-je dit. Et alors? Tout un essaim de libellules, passe encore, cela en vaudrait peut-être la peine. Si au moins elle était venue se poser sur mon épaule et m'avait murmuré quelques mots à l'oreille, j'aurais pu en faire un conte, ou bien un joli petit poème. Mais rien de tout cela. C'était une libellule on ne peut plus ordinaire. Et la preuve en était que je l'avais d'abord prise pour un simple moustique.

J'en suis d'ailleurs venu à regretter que la confusion n'ait pas duré. Car de cette méprise, j'aurais sûrement pu tirer une histoire poignante, une fin tragique. Après avoir froidement aplati l'intrus, me penchant d'un peu plus près sur son corps en accordéon, ce fouillis de pattes et d'ailes brisées, alors seulement je me serais rendu compte de l'effroyable erreur que je venais de commettre. Et de désespoir, qui sait, peut-être me serais-je jeté par la fenêtre? Cela m'aurait traversé l'esprit, en tout cas, je me connais. Le temps d'un battement d'ailes de libellule.

Mais c'est une autre histoire. Ce n'est pas la mienne. Et de l'escale de cet insecte chez moi, il n'y avait décidément rien d'extraordinaire à tirer.

J'ai dû reconnaître que ma bonne idée de libellule s'était sûrement envolée, elle aussi, par la fenêtre. Et peut-être vaut-il mieux que les bonnes idées de libellule vivent au grand air en compagnie de leurs sœurs plutôt qu'à l'étroit dans l'obscurité de ma caboche. Et cela ne me déplaît pas, après tout, d'imaginer mon idée, insaisissable, voletant d'un roseau à l'autre, le long de la rivière.

Tout cela ressemble à ce vieux souvenir de lucioles dont je n'ai jamais vraiment su quoi faire non plus. Je n'ai pas pu m'empêcher d'y repenser. J'avais griffonné « lucioles » sur un coin de page, il y a longtemps, déjà. C'était un bon début, mais je n'étais pas allé plus loin. Il n'y en avait pas qu'une seule, elles étaient des centaines. T'en ai-je déjà parlé? Elles constellaient mon chemin alors que je revenais de chez toi dans la nuit. Elles m'ouvraient la route et s'allumaient sur mon passage, me faisaient des guirlandes, comme pour une fête secrète. Je marchais d'un bon pas. Il y avait des airs de fanfare dans ma tête.

J'aimerais que cela reste à jamais mon unique souvenir de lucioles. Rien d'autre à ajouter.

Table

DU MÊME AUTEUR

Edmond Ganglion & fils, roman, éditions du Rocher, 1999 ; Prix Alain-Fournier 2000.

Les Ensoleillés, roman, éditions du Rocher, 2000 ; Prix Erckmann-Chatrian 2000.

Ce que je fais là assis par terre, éditions du Rocher, 2003 ; Grand Prix de l'humour noir 2004.

L'Étourdissement, roman, éditions Buchet/Chastel, 2005 ; Prix du Roman des Libraires E. Leclerc 2005, Prix du Livre Inter 2005.

L'homme que l'on prenait pour un autre, éditions Buchet/Chastel, 2008.

CET OUVRAGE
A ÉTÉ TRANSCODÉ
ET ACHEVÉ D'IMPRIMER
SUR ROTO-PAGE
PAR L'IMPRIMERIE FLOCH
À MAYENNE EN AVRIL 2012

N° d'impression : 82187
Dépôt légal : août 2012
Imprimé en France